弘明集

中国佛学经典宝藏

97

吴远　释译

星云大师总监修

人民东方出版传媒
东方出版社

《中国佛学经典宝藏》
大陆简体字版编审委员会

主任委员：赖永海

委　　员：（以姓氏笔画为序）

　　　　　王月清　王邦维　王志远　王雷泉

　　　　　业露华　许剑秋　吴根友　陈永革

　　　　　徐小跃　龚　隽　彭明哲　葛兆光

　　　　　董　群　程恭让　鲁彼德　温金玉

　　　　　潘少平　潘桂明　魏道儒

总序

> 自读首楞严,从此不尝人间糟糠味;
> 认识华严经,方知已是佛法富贵人。

诚然,佛教三藏十二部经有如暗夜之灯炬、苦海之宝筏,为人生带来光明与幸福,古德这首诗偈可说一语道尽行者阅藏慕道、顶戴感恩的心情!可惜佛教经典因为卷帙浩瀚、古文艰涩,常使忙碌的现代人有义理远隔、望而生畏之憾,因此多少年来,我一直想编纂一套白话佛典,以使法雨均沾,普利十方。

一九九一年,这个心愿总算有了眉目。是年,佛光山在中国大陆广州市召开"白话佛经编纂会议",将该套丛书定名为《中国佛教经典宝藏》[①]。后来几经集思广

[①] 编者注:《中国佛教经典宝藏》丛书,大陆出版时改为《中国佛学经典宝藏》丛书。

益,大家决定其所呈现的风格应该具备下列四项要点:

一、启发思想:全套《中国佛教经典宝藏》共计百余册,依大乘、小乘、禅、净、密等性质编号排序,所选经典均具三点特色:

1. 历史意义的深远性
2. 中国文化的影响性
3. 人间佛教的理念性

二、通顺易懂:每册书均设有原典、注释、译文等单元,其中文句铺排力求流畅通顺,遣词用字力求深入浅出,期使读者能一目了然,契入妙谛。

三、文简意赅:以专章解析每部经的全貌,并且搜罗重要的章句,介绍该经的精神所在,俾使读者对每部经义都能透彻了解,并且免于以偏概全之谬误。

四、雅俗共赏:《中国佛教经典宝藏》虽是白话佛典,但亦兼具通俗文艺与学术价值,以达到雅俗共赏、三根普被的效果,所以每册书均以题解、源流、解说等章节,阐述经文的时代背景、影响价值及在佛教历史和思想演变上的地位角色。

兹值佛光山开山三十周年,诸方贤圣齐来庆祝,历经五载、集二百余人心血结晶的百余册《中国佛教经典宝藏》也于此时隆重推出,可谓意义非凡,论其成就,则有四点可与大家共同分享:

一、佛教史上的开创之举：民国以来的白话佛经翻译虽然很多，但都是法师或居士个人的开示讲稿或零星的研究心得，由于缺乏整体性的计划，读者也不易窥探佛法之堂奥。有鉴于此，《中国佛教经典宝藏》丛书突破窠臼，将古来经律论中之重要著作，做有系统的整理，为佛典翻译史写下新页！

二、杰出学者的集体创作：《中国佛教经典宝藏》丛书结合中国大陆北京、南京各地名校的百位教授、学者通力撰稿，其中博士学位者占百分之八十，其他均拥有硕士学位，在当今出版界各种读物中难得一见。

三、两岸佛学的交流互动：《中国佛教经典宝藏》撰述大部分由大陆饱学能文之教授负责，并搜录台湾教界大德和居士们的论著，借此衔接两岸佛学，使有互动的因缘。编审部分则由台湾和大陆学有专精之学者从事，不仅对中国大陆研究佛学风气具有带动启发之作用，对于台海两岸佛学交流更是帮助良多。

四、白话佛典的精华集萃：《中国佛教经典宝藏》将佛典里具有思想性、启发性、教育性、人间性的章节做重点式的集萃整理，有别于坊间一般"照本翻译"的白话佛典，使读者能充分享受"深入经藏，智慧如海"的法喜。

今《中国佛教经典宝藏》付梓在即，吾欣然为之作序，并借此感谢慈惠、依空等人百忙之中，指导编修；吉广舆等人奔走两岸，穿针引线；以及王志远、赖永海等大陆教授的辛勤撰述；刘国香、陈慧剑等台湾学者的周详审核；满济、永应等"宝藏小组"人员的汇编印行。他们的同心协力，使得这项伟大的事业得以不负众望，功竟圆成！

《中国佛教经典宝藏》虽说是大家精心擘划、全力以赴的巨作，但经义深邃，实难尽备；法海浩瀚，亦恐有遗珠之憾；加以时代之动乱，文化之激荡，学者教授于契合佛心，或有差距之处。凡此失漏必然甚多，星云谨以愚诚，祈求诸方大德不吝指正，是所至祷。

一九九六年五月十六日于佛光山

原版序
敲门处处有人应

心惠

《中国佛教经典宝藏》是佛光山继《佛光大藏经》之后,推展人间佛教的百册丛书,以将传统《大藏经》精华化、白话化、现代化为宗旨,力求佛经宝藏再现今世,以通俗亲切的面貌,温渥现代人的心灵。

佛光山开山三十年以来,家师星云上人致力推展人间佛教,不遗余力,各种文化、教育事业蓬勃创办,全世界弘法度化之道场应机兴建,蔚为中国现代佛教之新气象。这一套白话精华大藏经,亦是大师弘教传法的深心悲愿之一。从开始构想、擘划到广州会议落实,无不出自大师高瞻远瞩之眼光,从逐年组稿到编辑出版,幸赖大师无限关注支持,乃有这一套现代白话之大藏经问世。

这是一套多层次、多角度、全方位反映传统佛教文化的丛书,取其精华,舍其艰涩,希望既能将《大藏经》

深睿的奥义妙法再现今世，也能为现代人提供学佛求法的方便舟筏。我们祈望《中国佛教经典宝藏》具有四种功用：

一、是传统佛典的精华书

中国佛教典籍汗牛充栋，一套《大藏经》就有九千余卷，穷年皓首都研读不完，无从赈济现代人的枯槁心灵。《宝藏》希望是一滴浓缩的法水，既不失《大藏经》的法味，又能有稍浸即润的方便，所以选择了取精用弘的摘引方式，以舍弃庞杂的枝节。由于执笔学者各有不同的取舍角度，其间难免有所缺失，谨请十方仁者鉴谅。

二、是深入浅出的工具书

现代人离古愈远，愈缺乏解读古籍的能力，往往视《大藏经》为艰涩难懂之天书，明知其中有汪洋浩瀚之生命智慧，亦只能望洋兴叹，欲渡无舟。《宝藏》希望是一艘现代化的舟筏，以通俗浅显的白话文字，提供读者遨游佛法义海的工具。应邀执笔的学者虽然多具佛学素养，但大陆对白话写作之领会角度不同，表达方式与台湾有相当差距，造成编写过程中对深厚佛学素养与流畅白话语言不易兼顾的困扰，两全为难。

三、是学佛入门的指引书

佛教经典有八万四千法门，门门可以深入，门门是无限宽广的证悟途径，可惜缺乏大众化的入门导览，不易寻觅捷径。《宝藏》希望是一支指引方向的路标，协助十方大众深入经藏，从先贤的智慧中汲取养分，成就无上的人生福泽。

四、是解深入密的参考书

佛陀遗教不仅是亚洲人民的精神归依，也是世界众生的心灵宝藏。可惜经文古奥，缺乏现代化传播，一旦庞大经藏沦为学术研究之训诂工具，佛教如何能扎根于民间？如何普济僧俗两众？我们希望《宝藏》是百粒芥子，稍稍显现一些须弥山的法相，使读者由浅入深，略窥三昧法要。各书对经藏之解读诠释角度或有不足，我们开拓白话经藏的心意却是虔诚的，若能引领读者进一步深研三藏教理，则是我们的衷心微愿。

大陆版序一

《中国佛教经典宝藏》是一套对主要佛教经典进行精选、注译、经义阐释、源流梳理、学术价值分析,并把它们翻译成现代白话文的大型佛学丛书,成书于二十世纪九十年代,由台湾佛光文化事业有限公司出版,星云大师担任总监修,由大陆的杜继文、方立天以及台湾的星云大师、圣严法师等两岸百余位知名学者、法师共同编撰完成。十几年来,这套丛书在两岸的学术界和佛教界产生了巨大的影响,对研究、弘扬作为中国传统文化重要组成部分的佛教文化,推动两岸的文化学术交流发挥了十分重要的作用。

《中国佛学经典宝藏》则是《中国佛教经典宝藏》的简体字修订版。之所以要出版这套丛书,主要基于以下的考虑:

首先,佛教有三藏十二部经、八万四千法门,典籍浩瀚,博大精深,即便是专业研究者,穷其一生之精力,恐也难阅尽所有经典,因此之故,有"精选"之举。

其次,佛教源于印度,汉传佛教的经论多译自梵语;加之,代有译人,版本众多,或随音,或意译,同一经文,往往表述各异。究竟哪一种版本更契合读者根机?哪一个注疏对读者理解经论大意更有助益?编撰者除了标明所依据版本外,对各部经论之版本和注疏源流也进行了系统的梳理。

再次,佛典名相繁复,义理艰深,即便识得其文其字,文字背后的义理,诚非一望便知。为此,注译者特地对诸多冷僻文字和艰涩名相,进行了力所能及的注解和阐析,并把所选经文全部翻译成现代汉语。希望这些注译,能成为修习者得月之手指、渡河之舟楫。

最后,研习经论,旨在借教悟宗、识义得意。为了将其思想义理和现当代价值揭示出来,编撰者对各部经论的篇章品目、思想脉络、义理蕴涵、学术价值等所做的发掘和剖析,真可谓殚精竭虑、苦心孤诣!当然,佛理幽深,欲入其堂奥、得其真义,诚非易事!我们不敢奢求对于各部经论的解读都能鞭辟入里,字字珠玑,但希望能对读者的理解经义有所启迪!

习近平主席最近指出:"佛教产生于古代印度,但传入中国后,经过长期演化,佛教同中国儒家文化和道家文化融合发展，最终形成了具有中国特色的佛教文化，给中国人的宗教信仰、哲学观念、文学艺术、礼仪习俗等留下了深刻影响。"如何去研究、传承和弘扬优秀佛教文化，是摆在我们面前的一个重要课题，人民东方出版传媒有限公司拟对繁体字版的《中国佛教经典宝藏》进行修订，并出版简体字版的《中国佛学经典宝藏》，随喜赞叹，寥寄数语，以叙因缘，是为序。

二〇一六年春于南京大学

大陆版序二

依空

　　身材高大、肤色白皙、擅长军事的亚利安人，在公元前四千五百多年从中亚攻入西北印度，把当地土著征服之后，为了彻底统治这里的人民，建立了牢不可破的种姓制度，创造了无数的神祇，主要有创造神梵天、破坏神湿婆、保护神毗婆奴。人们的祸福由梵天决定，为了取悦梵天大神，需要透过婆罗门来沟通，因为他们是从梵天的口舌之中生出，懂得梵天的语言——繁复深奥的梵文，婆罗门阶级是宗教祭祀师，负责教育，更掌控了神与人之间往来的话语权。四种姓中最重要的是刹帝利，举凡国家的政治、经济、军事、文化等等都由他们实际操作，属贵族阶级，由梵天的胸部生出。吠舍则是士农工商的平民百姓，由梵天的膝盖以上生出。首陀罗则是被踩在梵天脚下的土著。前三者可以轮回，纵然几世轮转都无法脱离原来种姓，称为再生族；首陀罗则连轮回的因缘都没有，为不生族，生生世世为首陀罗，子孙也倒霉跟着宿命，无法改变身份。相对于此，贱民比首陀罗更为卑微、低贱，连四种姓都无法跻身其中，只能从事挑粪、焚化尸体等最卑贱、龌龊的工作。

出身于高贵种姓释迦族的悉达多太子，为了打破种姓制度的桎梏，舍弃既有的优越族姓，主张一切众生皆平等，成正等觉，创立了佛教僧团。为了贯彻佛教的平等思想，佛陀不仅先度首陀罗身份的优婆离出家，后度释迦族的七王子，先入山门为师兄，树立僧团伦理制度。佛陀更严禁弟子们用贵族的语言——梵文宣讲佛法，而以人民容易理解的地方口语来演说法义，这就是巴利文经典的滥觞。佛陀认为真理不应该是属于少数贵族、知识分子的专利或装饰，而应该更贴近普罗大众，属于平民百姓共有共知。原来佛陀早就在推动佛法的普遍化、大众化、白话化的伟大工作。

佛教从西汉哀帝末年传入中国，历经东汉、魏晋南北朝、隋唐的漫长艰巨的译经过程，加上历代各宗派祖师的著作，积累了庞博浩瀚的汉传佛教典籍。这些经论义理深奥隐晦，加以书写的语言文字为千年以前的古汉文，增加现代人阅读的困难，只能望着汗牛充栋的三藏十二部扼腕慨叹，裹足不前。

如何让大众轻松深入佛法大海，直探佛陀本怀？佛光山开山宗长星云大师乃发起编纂《中国佛教经典宝藏》。一九九一年，先在大陆广州召开"白话佛经编纂会议"，订定一百本的经论种类、编写体例、字数等事项，礼聘中国社科院的王志远教授、南京大学的赖永海教授分别为中国大陆北方与南方的总联络人，邀请大陆各大学的佛教学者撰文，后来增加台湾部分的三十二本，是为一百三十二册的《中国佛教经典宝藏精选白话版》，于一九九七年，作为佛光山开山三十周年的献礼，隆重出版。

六七年间我个人参与最初的筹划，多次奔波往来于大陆与台湾，小心谨慎带回作者原稿，印刷出版、营销推广。看到它成为佛教徒家中的传家宝藏，有心了解佛学的莘莘学子的入门指南书，为星云大师监修此部宝藏的愿心深感赞叹，既上契佛陀"佛法不舍一众"的慈悲本怀，更下启人间佛教"普世益人"的平等精神。尤其可喜者，欣闻现大陆出版方东方出版社潘少平总裁、彭明哲副总编亲自担纲筹划，组织资深编辑精校精勘；更有旅美企业家鲁彼德先生事业有成之际，秉"十方来，十方去，共成十方事"之襟怀，促成简体字版《中国佛学经典宝藏》的刊行。今付梓在即，是为序，以表随喜祝贺之忱！

二〇一六年元月

目 录

题 解 001

经 典 015

1 弘明集序 梁·僧祐 017
2 明佛论 晋·宗炳 021
3 神不灭论 晋·郑鲜之 036
4 难神灭论 梁·曹思文 045
5 重难神灭论 梁·曹思文 050
6 难神灭论 梁·萧琛 055
7 形尽而神不灭 晋·慧远 081
8 立神明成佛义记 梁·萧衍 088
9 宗炳居士答何承天难白黑论 刘宋·宗炳 095
10 喻道论 晋·孙绰 106
11 正二教论 南齐·明僧绍 122
12 与顾道士书 刘宋·谢镇之 130
13 难顾道士夷夏论 朱昭之 139
14 沙门不敬王者论 晋·慧远 151

15 三报论 晋·慧远 164

16 明报应论 晋·慧远 170

17 灭惑论 梁·刘勰 177

18 答道士假称张融三破论 刘宋·僧顺 197

19 弘明集后序 梁·僧祐 211

源　流 225

解　说 233

附　录 239

  白黑论 刘宋·慧琳 241

参考书目 253

《弘明集》凡十四卷，是南朝梁·僧祐编纂的一部旨在"弘教明道"的论文集。文集收录了自东汉至南朝之齐、梁五百多年间教内外人士有关护法御侮、弘道明教的文论书表五十七篇，加上后序共五十八篇。这些论文从不同侧面反映了此一时期佛教之基本教义、传布状况及佛教与儒、道等社会思潮的相互关系，是一部极具史料价值和思想价值的重要文献。

据《出三藏记集》载，《弘明集》原为十卷，三十三篇，后又补入谢镇之的《与顾道士书》等二十多篇，遂成现在见到的十四卷、五十八篇。据考，后来补入部分并非他人所增益，仍为僧祐本人所编纂，故《弘明集》的作者唯僧祐一人。

作为中国佛教史上的一部重要的护法文献，历史上乃至海内外的各种藏经均有刊载，其中《宋藏》《金藏》《元藏》均收于"集""坟"函，明《南藏》收于"车""驾"函，明《北藏》收于"八""县"函，《清藏》收于"千""兵"函，《频伽藏》收于"露"帙，《丽藏》收于"集""坟"函，日本《大正新修大藏经》收于第五十二卷，《日本藏经书院版大藏经》收于第二十七套第十册和第二十八套第一册，《日本弘教书院版大藏经》收于"露"函。

《弘明集》所收录的论著虽以护法弘教为主，但也不仅仅以护法弘教为限，它同时保存了几篇对佛教持批评态度、或与佛教的观点不尽相同的文章（如范缜的《神灭论》），较客观地反映了佛教东传最初几百年内，中土人士对佛教的看法、佛教的一些最基本的教义以及中国佛教为了自身的生存和发展所走过的艰苦历程。

就思想内容说，《弘明集》主要包含以下几个方面：

形神之争

佛教东传之初，中国人以传统的灵魂不灭的观念去理解佛教，遂使"神不灭"成为佛教的根本义之一。当时士大夫乃至不少佛教徒本身，多把"不灭之神识"看成是成佛的根据——此正如梁武帝所说的，以其神识不断，故成佛之理皎然。因此，"神不灭"的能否成立，就成为佛教是否有必要存在的重要理论依据。有鉴于此，有些反佛的思想家，欲采取釜底抽薪的办法，企图从否定"神不灭论"入手，从根本上否定佛教。对于这一关系到佛教生死存亡的重大理论问题，佛教界当然不会置若罔闻的，因之，一大批佛教思想家纷纷著论立说，为"神不灭论"张目，从佛教界高僧慧远（著《形尽而神不灭》），到一代人君梁武帝（著《立神明成佛义记》等），从朝廷重臣萧琛（著《难神灭论》）、曹思文（著《难神灭论》），到隐士名流宗炳（著《明佛论》）、颜延之（著《释达性论》）等，都撰写了专论，或从"形粗神妙"的角度，正面论述了形尽而神不灭的道理；或以"火薪之喻"等，批驳范缜的《神灭论》，但其中心思想都在论证，众生之所以能够成佛，盖在于有不随形体而失灭的不断之神识、神性。由此可以看出，此一时期的佛教界，是自觉地把"神不灭论"作为佛教的一个最基本教义加以坚持的。

有关"形尽神不灭"的著述，除去以上所语及诸篇外，收录在《弘明集》中的还有桂阳郡耒阳之罗君章的《更生论》、豫章太守郑鲜之的《神不灭论》、宗炳居士的《答何衡阳书》等。不论从所占的篇幅，抑或从思想内容说，形神之争，或者进一步说，有关阐扬形尽而神不灭的思想，确是《弘明集》"护法弘道"的一个最重要的方面。

夷夏之辨

夷夏之辨说到底是一个传统宗教、传统文化与外来宗教、外来文化相互关系的问题，这一点，在佛教东传之初显得尤为突出——因为很多传统文化往往具有一定的排他性，中国古代传统文化也不例外。

佛教产生于印度，只是到了两汉之际才传入中国。由于地域、传统习俗及佛教仪轨制度等与华夏民族之礼仪、教化颇多差异，故在佛教东传之初的汉魏时期，中土人士多把它视为胡戎之俗、夷狄之教。而随着佛教传播范围和影响的不断扩大，它与传统文化特别是某些先王礼制的矛盾逐渐尖锐化，因之出现了一些从夷夏之防、华戎之辨的角度去反对佛教的主张，认为佛教"毁貌易性"，是"绝恶之学"，只适合于"禀性刚强"的西戎之民，而不适合于"禀气清和"的华夏民族，主张把它放归西戎、尽退天竺。对于这种批评和攻击，佛教界人士纷纷出来为佛教流传中土进行辩护并伺机进行反击。他们所经常采用的方法之一，是以历史上许多圣贤之士并非出于华夏，而是生自外族，但后来却成为华夏民族的圣人来进行辩解,如指出,"禹生西羌,舜生东夷,孰云地贱而弃其圣?丘欲居夷,聃适西戎,道之所在,宁选于地?"(《弘明集·后序》)就地域而言,佛教徒还以中国历史上之"伊洛不夏""吴楚翻为华邑"为例,说明夷之与夏,并非一成不变的,而是"道有运流而地无恒化"。(《弘明集·后序》)佛教徒的这些反驳,显然具有一定的说服力,对于扫清佛教在中土流行传布道路上的障碍无疑起了一定的作用。

《弘明集》中所收录的有关"夷夏之辨"的论文,集中于对顾欢所撰《夷夏论》的驳斥,如明·僧绍的《正二教论》、谢镇之的《与顾道士书》、朱昭之的《难顾道士夷夏论》等。

儒、释、道三教关系

儒、释、道三教的相互关系,从总体上说,与"夷夏之辨"一样,属于传统宗教、传统文化与外来宗教、外来文化相互关系范围。

佛教传入中国后,不可避免地要与本土的宗教和文化发生接触与碰撞。由于佛教与土生土长的儒、道二教在思想内容、思维模式、仪轨礼制等方面有着较大的差别,渐渐地出现了许多对佛教的非议和责难。而随着佛教传播范围和影响的不断扩大，这种非议和责难更与日俱增。此中除了思想内容的歧异外，还涉及到各家的现实利益问题——自视为华夏正统的儒、道二教自然不肯把地盘和信众拱手让人，结果，《弘明集》中所记载的对佛教的各种责难，诸如指责佛教"脱略父母，遗蔑帝王，捐六亲，舍礼义""入国而破国，入家而破家，入身而破身""浮屠害政""桑门蠹俗"等等，便应运而生。针对世俗社会，特别是儒、道二教的这些责难，佛教为了自身的生存和发展，必须对这些责难做出较圆满的解释和回答，才能避免被摈弃的命运。

  对于儒家关于佛教有乖人伦五常的指责，佛教以"方内""方外""在家""出家"分而辩之，认为，方内之士、在家处俗，自当遵奉世俗之礼教，然方外之士、出家之人，则应遁世、变俗，不与世俗同礼。儒家伦理最重孝道，佛教则说，沙门虽然剃发出家，内乖天属之重，但并不违背孝道，因为佛教所说之孝，与世俗的只局限于惜爱发肤、赡养父母不同，而是"所包盖广"——如果出家修道有成，则可以"道洽六亲，泽流天下，虽不处王侯之位，亦已协契皇极，在宥生民。"（《弘明集》卷六）。从历史的角度看，此一时期佛教的谈"孝道"，与宋元时期佛教之谈"孝道"不尽相同。前者带有较强烈的出世色彩，故分"方内""方外"，所谈者属"所包盖广"之"大孝";而后者则在相当程度上被儒学化、伦理化了,故所谈的多是与世俗之伦理纲常颇为接近的实实在在的"仁义忠孝"。

当然,佛教对于儒家的有关指责,不仅仅进行一些自卫性辩白,而且往往在答辩之后,更起而反击,认为儒家学说虽然能治国安邦、济俗宥民,但未能探性灵之幽奥,只是世俗之善,未能革凡成圣。他们指出,"周孔为教,正及一世,不见来生无穷之缘,……释迦关无穷之业,拔重关之险,陶方寸之虑。……坎井之局,何以识大方之家?"(《宋书·天竺迦毗黎传》)"六经典文,本在济俗为治耳,必求性灵真奥,岂得不以佛经为指南邪!"(《弘明集》卷十一)

与儒释的相互关系比较,佛教与道教之间的对立和争斗更为激烈。这一方面由于道教不像儒家学说那样是一种作为王道政治理论基石的伦理学说,因此,与之对立并不会直接危及佛教在中土的存在和发展,另一方面,在思想内容上,佛教与道教在许多基本观点上是直接对立的,例如:"佛法以有形为空幻,道法以吾我为真实。"(《弘明集》卷六)"释氏即物为空,空物为一,老氏有无两行,空有为异。"(《宋书·天竺迦毗黎传》)道"有外张义",释"即色图空";老"自然之化",佛"因缘而生";释称"涅槃",道言"仙化";释"无生",

道称"不死",等等。佛教徒往往抓住释、道二教的这些思想差异,抨击道教浅陋低劣,"非道之俦"。对于《老子》五千文,佛教徒尚能手下留情,至于"三张",葛洪之道术、仙教,佛教徒则直斥之为"鬼道""伪法",并力图把道教与道家分裂开来,指出"仙教非道""服法非老",以求给道教以更沉重的打击。《弘明集》所收录的不少论文,就是直接针对道教的,如谢镇之的《与顾道士书》、朱昭之的《难顾道士夷夏论》、慧通的《驳顾道士夷夏论》等。

当然,正如历史上的三教关系常常既相互对立、相互排斥,又相互吸收、相互融汇一样,《弘明集》中涉及三教关系的许多论文,也常常透露出三教交融、三教一致的思想,如晋著名文学家孙绰的《喻道论》就说:"周孔即佛,佛即周孔,盖内外之名耳。佛者梵语,晋训觉也。觉之为义,悟物之谓,犹孟轲以圣人为先觉,其旨一也。"(《弘明集》卷三)慧远的弟子宗炳在《明佛论》中更明言:"孔、老、如来,虽三训殊路,而习善共辙也。"(《弘明集》卷二)虽然各家对于三教之所同说法不一,或以"觉人",或以"劝善",但都主张三教并非格格不入,而是有共同点、契合处。这些思想为人们研究中国古代三教关系乃至整个古代思想史提供了十分宝贵的历史资料。

佛教与王道政治

中国古代的一切意识形态,包括哲学、科学、文学、艺术、宗教等,都与王道政治有着十分密切的联系,或者更准确点说,都在不同程度上受到王道政治的制约和影响。佛教传入中国后,如何妥善处理好与王道政治的相互关系,直接关系到其生存和发展。

按照中国的传统,王权的地位是至高无上的——所谓"普天之下,莫非王土;率土之滨,莫非王臣。"就是王权至上的最好写照。因此,不管是士庶,还是教徒,礼敬君王是天经地义、理所当然的。但是,佛教向来自称是"方外"之教,素有不参预世事,不礼拜君王的传统,这两种不同的传统碰在一起,就不可避免要发生矛盾与冲突,因此,在佛教东传之初的汉魏时期,出现了有关沙门要否礼敬王侯的争论。先有车骑将军庾冰主张沙门应该礼敬君王,安帝时之桓玄支持庾冰的主张,认为佛教传入中土后,应遵从中国之礼教和习俗,应当礼敬王侯,再者,佛教受君王及世俗之恩惠,当顺化礼敬以报恩。当时之佛教僧团则发表宣言,认为在"法"面前,不论帝王或沙门,应该一律平等,主张沙门不必礼敬王侯。作为当时佛界领袖的慧远,则撰专文,阐述沙门不应尽敬的理由,认为,在家处俗,"则是顺化之民""故有天属之爱，奉主之礼""出家则是方外之宾，迹绝于俗物。其为教也，达患累缘于有身，不存身以息患，知生生由于禀化，不顺化以求宗。"因此"皆遁世以求其志，变俗以达其道。变俗则服章不得与世典同礼，遁世则宜高尚其迹。"（以上引文均出自《弘明集》卷五）也就是说，在家奉法，乃是顺化之民，故应有父子之亲、君臣之礼，出家乃方外之宾，其旨在体极求宗，而求宗则不应存身顺化，故应遁世变俗，去世俗之恩爱礼仪。他还认为，沙门不礼敬王侯，虽然从表面上看，内有乖"天属之重"，但实际上并不违背孝道，外有阙奉主之礼，但也并不失其对君王之恭敬。由于慧远及当时佛教界的据理力争，加之，当时朝廷重臣显贵中，也有不少人认为佛教是出世之教，不必与世俗同礼，因此，《弘明集》中所记载的这场沙门要否礼敬王侯的争论，最后以朝廷妥协，同意沙门可以不尽敬告终。当然，就中国佛教发展史的角度说，由于王道政治在中国历史对各种意识形态几乎操有生杀予夺之权，因此后来的佛教徒对于君王仍须礼拜致敬。

报应理论

报应论不但是佛教的一个基本教义，而且在佛教东传之初的汉魏南北朝时期，它还是佛教借以争取信徒、扩大影响的一个最重要的学说。有许多平民百姓，不一定能理解多少精深的佛教义理，却因着报应学说而皈依佛门。

当然，报应理论并非为佛教所独有，中国古代也讲祸福报应，但中国古代的祸福报应说往往比较注重经验、讲求实证，因此常常不能解释现实生活中一些报应反常的现象，有些思想家就据此对报应理论进行抨击和批判。为了维护佛教的报应理论从而更好地弘扬、发展佛教，魏晋南北朝时期的佛教界遂对报应理论进行了较系统的阐发，其中尤以收录在《弘明集》中，东晋高僧慧远所撰的《三报论》和《明报应》为最深入和系统。

从思想内容说，"三报论"分报应为现报、生报、后报三类。所谓"现报者，即善恶始于此身，即此身报；生报者，来生便受；后报者，或经二生三生、百生千生然后乃受。"（《弘明集》卷五）此一"三报论"对于解释社会人生问题，特别对于解释那种积善得殃、凶邪致庆等业报反常的现象，是一种颇为圆融的理论，它可补中土报应说"以一生为限而不明其外"的偏弊，因而在当时社会上乃至历史产生了较大的影响，对于佛教在中土的传播和发展具有重要的意义。如果说，历史上不少文人、士大夫是由悟解义理而走上崇信佛法的道路，那么，更多的平民百姓则是因信奉佛教的报应论而皈依佛门。可见,《弘明集》中所保存的有关佛教报应理论的文献,乃是研究中国佛教教义及历史发展的重要的思想资料。

《弘明集》所包含的内容,若就大处立言,大致有以上五个方面,本书对于《弘明集》中有关文献的选录,也基本上依此五类进行节选。至于所选录之各篇论文,除了文字太长或无关宏旨外,都尽量取其全文,以保持资料的完整性。在版本方面,主要依据中华书局出版、由石峻教授等编纂的《中国佛教思想资料选编》第一卷,因《选编》所取文献多出自较好之底本——金陵刻经处本,又经过校刊,错讹相对少些。

《弘明集》作者僧祐,俗姓俞,彭城下邳(今江苏徐州)人,是南朝梁代的著名僧人,精通律学,对于佛教史料之搜集、编纂尤勤,其所编之《出三藏记集》,是现在尚存的最早经录,具有很高的史料价值,它与《弘明集》一起,成为人们研究中国佛教史不可或缺的重要资料。此外,僧祐还撰有《释迦谱》(五卷)、《世界记》(五卷)、《萨婆多部相承传》(五卷)、《法苑集》(十卷)等著作,是中国佛教史上于律学和史料学方面成就和影响都较大的著名僧人和重要学者。

经典

1 弘明集序

梁·僧祐

原典

夫觉海无涯，慧境圆照。化妙域中，实陶铸于尧舜；理擅系表，乃埏埴乎周孔矣。然道大信难，声高和寡。须弥峻而蓝风起，宝藏积而怨贼生。昔如来在世，化震大千，犹有四魔①稽忿，六师②怀毒。况乎像季③，其可胜哉！

自大法东渐，岁渐五百，缘各信否，运亦崇替。正见者敷赞，邪惑者谤讪。至于守文曲儒，则拒为异教。巧言左道，则引为同法。拒有拔本之迷，引有朱紫之乱。遂令诡论稍繁，讹辞孔炽。夫鹖旦④鸣夜，不翻白日之光。精卫衔石⑤，无损沧海之势，然以暗乱明，以小罔大，虽莫动毫发，而有尘视听。将令弱植之徒，随伪辩而长迷，倒置之伦，逐邪说而永溺。此幽涂所以易堕，净境所以难陟者也。

祐以末学，志深弘护，静言浮俗，愤慨于心，遂以药疾微间，山栖余暇，撰古今之明篇，总道俗之雅论，其有刻意剪邪，建言卫法，制无大小，莫不毕采。又前代胜士，书记文述，有益三宝，亦遍编录。类聚区分，列为一十四卷。夫道以人弘，教以文明，弘道明教，故谓之《弘明集》。兼率浅怀，附论于末。庶以涓埃，微裨瀛岱。但学孤识寡，愧在褊局，博练君子，惠增广焉。

注释

① **四魔**：此指佛将成道时，四魔中之一的天子魔，即第六天魔王曾率诸眷属来骚扰他，企图干扰、阻挠其证成佛果。

② **六师**：即六师外道，是与释迦牟尼同时代的六个反婆罗门正统思想的代表人物。（一）富兰那·迦叶，（二）末伽梨·俱舍梨子，（三）珊夜·毗罗伲子，（四）阿耆多·翅舍钦婆罗，（五）迦罗鸠驮·迦旃延，（六）尼乾陀·若提子。

③ **像季**：佛教分佛法之传布为正、像、末三时，

像季即第二时之末期。

④ **鹖旦**：又作"曷旦""鸦鸣"等，古籍中之鸟名，有说是求旦之鸟。

⑤ **精卫衔石**：比喻人之徒劳。精卫，海边小鸟。

译文

觉悟之路无边无际，智慧之境湛然圆明。中土之教化，实陶冶于尧舜之治；礼义之兴盛，乃肇端于周孔之教。然而，曲越高，和者越寡，道越精深、宏大，越难使人皈信。须弥山就因其太险峻高大，故尔屡有大风生起，金银财宝太多了，常常会引来盗贼。过去释迦牟尼佛在世时，其教化遍及天下，但仍有四魔一再去骚扰他，六师外道对他也屡生诽谤，何况现在正值像法之末世时代，有某些人诋毁和攻击佛法又何足为怪呢！

佛教传至东土，迄今已有五百年的历史了，有时信众很多，有时则遭到抵制，有时很隆盛，有时则相对式微。崇信佛教者赞颂它，邪见之人诽谤它。那些守文滞义之迂儒，斥佛教为异端。巧言如簧之左道，则引佛法为同类。排斥佛教者，乃为成见所致，妄引佛法为同类者，则容易混淆视听。以致造成对于佛教之流言日多，诋毁渐盛。虽然几只小鸟的鸣叫，绝不能把黑夜变成白天。精卫之衔石填海，也不能改变沧海之一丝一毫，但黑白混淆，谣言四出，终有碍视听。因为谣言邪说之流布，或许会使那些识见浅薄之人偏听偏信，误逐邪说而永不醒悟。所谓歧途易入、净境难登，实值得世人三思。

我虽才疏学浅，但向来以弘护正法为念，对于社会上的一些流言蜚语，一直十分愤恨，遂借药疾幽栖之暇，搜集了古今、道俗许多明篇雅论，举凡有益于弘扬佛法的，无论宏篇巨制，抑或杂文小论，都加以汇集编纂。此外，有些前代文人名士之书记、著述，凡有益于三宝的，也遍加收录。之后按类分编，成十四卷。道者因人而得到弘扬，教者因文而得到阐发，此所编纂，旨在弘道明教，故称之为《弘明集》。考虑到沧海虽大，不舍涓水细流，泰岳虽高，不弃尘埃抔土，自己的有些见解，也随附于论文之末。但因自己学孤识寡，不当欠妥处在所难免，凡此有俟大德、方家。

2 明佛论（一名神不灭论）

晋·宗炳

原典

夫道之至妙，固风化宜尊，而世多诞佛。咸以我躬不阅，遑恤于后。万里之事，百年以外，皆不以为然，况须弥之大，佛国之伟。精神不灭、人可成佛、心作万有、诸法皆空、宿缘绵邈，亿劫乃报乎？此皆英奇超洞，理信事实，黄华之听，岂纳云门之调哉？世人又贵周、孔、《书》《典》。自尧至汉，九州华夏，曾所弗暨，殊域何感，汉明何德，而独昭灵彩？凡若此情，又皆牵附先习，不能旷以玄览，故至理匪遐，而疑以自没。悲夫！中国君子明于礼义而暗于知人心，宁知佛心乎？……彼佛经也，包五典①之德，深加远大之实；含老、庄之虚，而重增皆空之尽。高言实理，肃焉感神，其映如日，其清如风，非圣谁说乎，谨推世之所见，而会佛之理，为明。

论曰：今自抚踵至顶以去陵虚，心往而勿已，则四方上下皆无穷也。生不独造，必传所资，仰追所传，则无始也，奕世相生而不已，则亦无竟也。是身也，既日用无垠之实，亲由无始而来，又将传于无竟而去矣。然则，无量无边之旷，无始无终之久，人固相与陵之以自敷者也。是以居赤县于八极，曾不疑焉。今布三千日月，罗万二千天下，恒沙阅国界，飞尘纪积劫，普冥化之所容，俱眇末其未央，何独安我而疑彼哉？

夫秋毫处沧海，其悬犹有极也，今缀彝伦于太虚，为藐胡可言哉。故世之所大，道之所小，人之所遐，天之所迩。所谓轩辕之前，遐哉邈矣者，体天道以高览，盖昨日之事耳。《书》为知远，不出唐、虞；《春秋》属辞，尽于王业。《礼》《乐》之良敬，《诗》《易》之温洁。今于无穷之中，焕三千日月以列照，丽万二千天下以贞观，乃知周、孔所述，盖于蛮触之域，应求治之粗感，且宁乏于一生之内耳，逸乎生表者，存而未论也。若不然也，何其笃为始形而略于为神哉！登蒙山而小鲁，登太山而小天下，是其际矣。且又坟、典已逸，俗儒所编专在治迹，言有出于世表，或散没于史策，或绝灭于坑焚。若老子、庄周之道，松、乔、列、真之术，信可以洗心养身，而亦皆无聚于六经。而学者唯守救粗之阙文，以《书》《礼》为限断，闻穷神积劫之远化，炫目前而永忽，不亦悲夫！呜呼！有似行乎层云之下，而不信日月者也。

今称"一阴一阳之谓道""阴阳不测之谓神"者，盖谓至无为道，阴阳两浑，故曰"一阴一阳"也；自道而降，便入精神，常有于阴阳之表，非二仪所究，故曰"阴阳不测"耳。君平之说"一生二"，谓神明是也。若此二句，皆以明无，则以何明精神乎？然群生之神，其极虽齐，而随缘迁流，成粗妙之识，而与本不灭矣。今虽舜生于瞽，舜之神也，必非瞽之所生，则商均之神，又非舜之所育。生育之前，素有粗妙矣。既本立于未生之先，则知不灭于既死之后矣。

若使形生则神生，形死则神死，则宜形残神毁，形病神困。据有腐则其身或属纩临尽，而神意平全者，及自牖执手，病之极矣，而无变德行之主，斯殆不灭之验也。若必神生于形，本非缘合，今请远取诸物，然后近求诸身。夫五岳四渎[②]，谓无灵也，则未可断矣。若许其神，则岳唯积土之多，渎唯积水而已矣。得一之灵，何生水土之粗哉？而感托岩流，肃成一体，设使山崩川竭，必不与水土俱亡矣。神非形作，合而不灭，人亦然矣。

神也者，妙万物而为言矣。若资形以造，随形以灭，则以形为本，何妙以言乎？夫精神四达，并流无极，上际于天，下盘于地，圣之穷机，贤之研微。……周公郊祀后稷，宗祀文王，世或谓空以孝。即问谈者，何以了其必空，则必无以了矣？苟无以了，则文、稷之灵，不可谓灭矣？斋三日，必见所为斋者。宁可以常人之不见，而断周公之必不见哉？

或问曰："孔氏之训，'无求生以害仁，有杀身以成仁'。仁之至也，亦佛经说菩萨之行矣。老子明无为，无为之至也，即泥洹之极矣。而曾不称其神通成佛，岂孔、老有所不尽与？明道欲以扇物，而掩其致道之实乎？无实之疑，安得不生？"答曰："教化之发，各指所应。世薪乎乱，洙泗③所弘，应治道也；纯风弥凋，二篇④乃作，以息动也。……儒以弘仁，道在抑动，皆已抚教得崖，莫匪尔极矣。虽慈良无为与佛说通流，而法身泥洹无与尽言，故弗明耳。且凡称无为而无不为者，与夫法身无形，普入一切者，岂不同致哉？是以孔、老、如来虽三训殊路，而习善共辙也。"

或问曰："自三五以来，暨于孔、老，洗心佛法要将有人，而献酬之迹曾不乍闻者，何哉？"答曰："余前论之旨已明俗儒而编专在治迹，言有出于世表，或散没于史策，或绝灭于坑焚，今又重敷所怀。……伯益⑤述《山海》：'天毒之国，偎人而爱人。'郭璞传：'古谓天毒即天竺，浮屠所兴；偎爱之义，亦如来大慈之训矣！'固亦既闻于三五之世也。国典弗传，不足疑矣。……东方朔对汉武劫烧之说，刘向列仙叙，七十四人在佛经。学者之管窥于斯，又非汉明而始也。但驰神越世者众而显，结诚幽微者寡而隐，故潜感之实不扬于物耳。道人澄公，仁圣于石勒、虎之世，谓虎曰：'临淄城中，有古阿育王寺处，犹有形像，承露盘在深林巨树之下，入地二十丈。'虎使者依图搜求，皆如言得。近姚略叔父为晋王，于河东蒲坂，古老所谓阿育王寺处，见有光明，凿求得佛遗骨于石函银匣之中，光曜殊常，随路迎睹于灞上比丘，今见存辛（一作新）寺。由此观之，有佛事于齐晋之地，久矣哉。"

或问曰："若诸佛见存，一切洞彻，而威神之力，诸法自在，何为不曜光仪于当今，使精粗同其信悟，洒神功于穷迫，以拔冤枉之命？而令君子之流，于佛无睹，故同其不信，俱陷阐提之苦。秦、赵之众，一日之中，白起、项籍坑六十万。夫古今彝伦，及诸受坑者，诚不悉有宿缘大善，尽不睹无一缘而悉积大恶？而不睹佛之悲一日俱坑之痛，嘿然毕同，坐视穷酷而不应，何以为慈乎！缘不倾天，德不邈世，则不能济，何以为神力自在，不可思议乎！……""……夫万化者，固各随因缘，自作于大道之中矣。今所以称佛云诸法自在，不可思议者，非曰为可不由缘数，越宿命而横济也。盖众生无量，神功所导，皆依崖曲畅，其照不可思量耳。譬之洪水、四凶⑥，瞽、顽、象、傲，皆化之固然，尧、舜弗能易矣，而必各依其崖，洚水流凶，允若克谐，其德岂不大哉！……岂可以己之不曜于光仪，而疑佛不见存哉。夫天地有灵，精神不灭，明矣！今秦、赵之众，其神与宇宙俱来，成败天地而不灭，起、籍二将，岂将顿灭六十万神哉。神不可灭，则所灭者身也。岂不皆如佛言，常灭群生之身，故其身受灭，而数会于起、籍乎？何以明之？夫乾道变化，各正性命，至于鸡彘犬羊之命，皆乾坤六子之所一也。民之咀命充身，暴同蛛蝥为网矣。鹰虎非搏噬不生，人可饭蔬而存，则虐已甚矣。天道至公，所布者命，宁当许其虐命，而抑其冥应哉。今六十万人，虽当美恶殊品，至于忍咀群生，恐不异也。美恶殊矣，故其生之所享固可实殊；害生同矣，故受害之日固亦可同。……若在往生，能闻于道，敬修法戒，则必不坠长平而受坑马服矣，及在既坠，信法能彻，必超今难，若缘衅先重，难有前报，及戒德后臻，必不复见坑来身矣。所谓洒神功于穷迫，以拔冤枉之命者，其道如斯，慈之至矣。……今世之所以慢祸福于天道者，类若史迁感伯夷而慨者也。夫孔圣岂妄说也哉？

称积善余庆，积恶余殃。而颜、冉夭疾，厥胤蔑闻，商臣考终，而庄则贤霸。凡若此类，皆理不可通。然理岂有无通者乎？则纳庆后身，受殃三涂之说，不得不信矣。虽形有存亡，而精神必应，与见世而报，夫何异哉？但因缘有先后，故对至有迟速，犹一生祸福之早晚者耳！然则孔氏之训，资释氏而通，可不曰玄极不易之道哉！……"

注释

① **五典**：相传为古书名，孔安国《尚书序》："少昊、颛顼、高辛、唐、虞之书谓之五典。"儒家奉之为经典，实际上并无此书或没有流传下来。

② **五岳四渎**：五岳即东岳泰山、南岳衡山、西岳华山、北岳恒山、中岳嵩山，四渎即江（长江）、淮（淮河）、河（黄河）、济（济水）四条河流。

③ **洙泗**：本指洙水和泗水，因孔子曾在洙、泗之间聚徒讲学，后多以此指儒家或儒家学说。

④ **二篇**：即老子的《道德经》。

⑤ **伯益**：亦称"益"或"翳"。舜时东夷部落的首领。相传助禹治水有功，禹欲让位给他，他避居于箕山之北。

⑥ **四凶**：古代传说中舜所流放的四人或四族首领。《尚书·舜典》曰："流共工于幽州，放驩兜于崇山，窜三苗于三危，殛鲧于羽山。四罪而天下咸服。"

译文

至妙之道，本应为世人之所尊奉，但时下却有不少人在非毁佛法。考其缘由，盖因佛法之所言，多在视听之外所致。这些人凡事都以耳闻眼见为实，万里之外的东西，百年以后的事，举凡没有亲眼所见的，他们都不以为然，何况大如须弥山、雄伟如佛国这类东西。至于佛教所说的精神不灭、人可成佛、诸法皆空、心作万有、因缘幻化、历劫得报这种大道理，更是他们所难以理解和接受的。世俗之人，又多推崇周孔之道、儒家经典。而自尧舜至秦汉，中土九州都不曾有佛，汉明帝又有何特别功德而能感来佛教？加之，中土人士多喜欢着眼现实，不习惯于作冥思玄想，故对于佛教的学说很不容易接受。真是可悲啊！中国之君子明于礼仪而暗于知人心，又怎能知佛心呢？……实际上，佛经既包五典之德，又增方外之理，既含老庄之虚，更添皆空之义。言高理实，博大精深，若非圣人，又有谁能说此大法，现就世俗的一些见解，对照佛教的义理，特撰此论，曰

《明佛论》。

论说：人所处之宇宙，四方上下皆无穷尽。生不独来，必有所凭借，若要进一步去追问从何所来，则没有开始，世代生生不息，也没有尽头的时候。然而，世界虽无边无际，无始无终，但每一个人又都处于某一特定的时间和空间之中。所以中土人士对于自己所居住的赤县神州，从来不曾怀疑过。但一听到佛教所说的三千大千世界，就感到虚无缥缈，觉得不可思议。怎么可以对自己所居住的国土就深信不疑，而对此国土之外的大千世界就采取怀疑的态度呢？

把毫发置于大海之中，其大小极是悬殊，如果把人及其所居住的世界放到整个宇宙当中，其显得渺小又何止于前者呢？所以，世人认为很大的东西，在佛教看来，也许是微乎其微的，平常人觉得很远的地方，对于天界来说，可能显得近在咫尺。这有如轩辕之前，在平常人看来那是很遥远的，但若从天道运行的角度去看，那无异于昨日之事。《尚书》号称所记尽是古远之事，实际上最远不超过唐、虞，《春秋》中所写的，也大都只是王霸之事迹。包括《礼》《乐》《诗》《易》这些相传为周公、孔子之所著述者，都是记载一些世俗事务，仅仅限于一生之内，至于一生之外的，几乎全都存而未论。如果不是这样，为什么都只语及"形体"而未触及

"神"呢？登蒙山而小鲁国，登泰山而小天下，因所处的地位不同，故其所见各有殊异。古代之三坟五典都早已佚失，儒家所编纂之典籍，大多只在治迹，凡是言有出世表者，或散见于史策，或为秦始王所焚毁。若老、庄之道，道家之术，依之修习可以洗心养身，但亦非取自六经。然而，有些学者总是喜欢抱着儒家世俗治迹之文不放，所读仅以《诗》《书》《礼》《乐》为限，一听到佛教所说的"神不灭"及远劫报应等事，就感到大惑不解，斥之为异端邪说，真是可悲啊！此有如处于云层之下，就不相信天上还有日月一样。

儒家经典中常有"一阴一阳之谓道""阴阳不测之谓神"等语，实际上，因为至无为道，阴阳两浑，所以说"一阴一阳之谓道"。而自道而降，便入精神，常常有于阴阳之表而非两仪之所能明究者，故曰"阴阳不测"。君平说所谓"一生二"者，即是指神明也。若此二句都在于明无，那么，以何明精神呢？实际上，群生之神，都是随缘迁流而本不灭。例如，舜生于瞽，舜之神必非瞽所生，则商均之神，亦非舜之所育。在生育之前，其神早已存在。此神既立于未生之前，又不灭于既死之后。

如果形生则神生，形死则神死，则应该是形残神毁，形病神困。但有些人虽然形体病得很重，其神志、德行却毫无改变，此乃神不灭之验也。又，若谓神一定生于形，并非因缘所合，不妨先远取诸物，然后近求诸身以验之，如，五岳四水，若说它没有神灵，恐怕说不过去。若承认其有神灵，则山只是由土堆积而成的，河流乃水汇集起来的，即便有朝一日，山岳崩陷，河流枯竭了，其神灵难道也跟着消亡了吗？当然不是，可见，神并非由形所作，验之于人，也是一样，人的形体死亡之后，其神并不会随之消亡。

所以称之为神，乃在于它能妙万物。如果说神一定要借形以生、随形以灭，则应该是以形为本，神何妙之有？实际上，精神之为物，四方上下、天宇人间，无处而不在的，它不会随形体之死亡而消失。……过去周公郊祀后稷、宗祀文王，难道人们可以说周公的祭祀是没有对象的徒劳之举吗？既然周公所祭祀的对象并非不存在，那么怎能说后稷、文王的神灵已经消亡了呢？又，古人曾说，斋祭三日，必能见到所祭祀的对象。怎能以常人之见，去断定周公在祭祀时一定不能见到后稷、文王之神呢？……

或许有人会问："孔子曾说，'无求生以害仁，有杀身以成仁'。此种精神，不就是佛经中所说的'菩萨行'吗？老子言'无为'，其所说的'无为'，亦即佛教中所说的'涅槃'。但是佛经中都不说孔老之神通及可以成佛，难道孔老学说有所未尽吗？"……答道："各家之学说，都有其针对性。乱世之时，儒家大倡治世之道，以应乱世之需，民风日下，老子遂有二篇之作，以救道德之败坏。……儒家注重仁义，道家强调无为而无不为，在这两方面，儒道两家的学说都达到了极致。实际上，儒家所提倡的慈孝仁义，与佛教的学说颇有共通之处，而道家所说的无为而无不为，与佛教之法身无形而无所不在的思想也多遥相契合，所以说，儒、释、道三教虽然教法各有不同，但在导人为善方面却是共同的。"

还有人问："自三皇五帝以来，至于孔、老，为什么都不曾听说有佛？"答道："我在前面已指出，俗儒偏于治世，举凡言出于有表者，或散见于史策，或绝灭于焚书，今列举一些材料，说明佛之于中土，由来已久矣。……伯益述《山海经》曰：'天毒之国，偎人而爱人。'郭璞传曰：'古谓天毒即天竺，浮屠所兴；偎爱之义，亦如来大慈之训也矣。'以此看来，三皇五帝之时，中土已知有佛了。虽然正史不记载这些材料，不足疑也。……又，史上载东方朔回答汉武帝关于劫烧之问时已知有佛，再如刘向列仙叙，其中七十四人在佛经。以此看来，佛教之东传中土，实非始于汉明帝时代。……此外，后赵时的佛图澄曾对石勒、石虎叔侄说：'临淄城中有古阿育王寺，且有佛舍利，承露盘埋于深林中巨石之下，距地面二十丈。'石虎派人依图挖掘，果真如佛图澄所说的。姚略叔父为晋王时，于河东蒲坂，亦即古人所说阿育王寺处见有光明，派人挖掘，果得佛遗骨于石函银匣之中，光亮照人，随即迎请于灞上，让众比丘观睹。由此观之，齐、晋之地，有佛已久矣。"

又有人问："如果诸佛确实存在，能洞察一切且神通广大，何不现身说法，大显神通？让大家都心悦诚服地皈信佛教，使穷困之人得到救助，让冤屈之命获得解脱。以免得像现在这样，君子于佛无睹，百姓也不相信，大家俱陷阐提之苦。再者，过去白起、项籍一日坑众六十万，这些一起受坑者难道都一样同积大恶故同受此恶报不成？而也不曾见佛对这些人有一丝一毫之悲怜，这又怎么谈得上大慈呢！更不见佛给这些人以丝毫之救助，又何以号称神力自在，佛法无边呢！为什么佛不以其神力感化一下白起、项籍之心？以活百万之生灵！据说佛陀曾以身饲虎、割肉喂鹰，而今百万之众受坑这样的大事，都不曾见佛有何反应，这些又如何理解呢？……"答道："……世间之万物，都各随因缘，佛虽然神通广大，但亦不能违背因缘之理、宿世之命而强行为之。譬如洪水、四凶及嚚、顽、象、傲之徒，皆化之固然，虽尧、舜等圣人也无法改变，而必须顺其自然，尔后疏水流凶，难道如此其德就不大了吗！佛也是这样。……岂可因佛不显现神通、不干预世间世务而怀疑他的存在。至于白起、项籍所坑六十万众，其神本与宇宙同来，且永存于天地间而不灭，白起、项籍岂可顿灭六十万神灵。神不可灭，所灭者身也，此正如佛陀所说的，众生之身常灭，不过正好都集中在那个时候罢了。……世间的许多人常以有生命的有情体为食物，残忍异常。鹰虎之类非靠搏杀不能维持生命，而人则不同，可以饭蔬为食，因此人之杀生为食，较之虎狼更为残暴。天道至公，所布者命，怎么能够容忍残害生命而不给以相对的报应呢？那六十万人，虽然德行各有差别，善恶也多有不同，但就杀生为食说，都没有什么差别，因各人的德行、善恶不同，所以各人一生之际遇、享受各不相同，但在杀生为食这一点上却是共同的，因此受害之日亦可以同在一时。……如果这些人在过去世能够闻道持戒，则今生绝不会遭此惨祸，即使这些人已有坠坑之报，若能崇信佛法，依法修持，亦可超脱此难，既然这些人罪业已得此报，若今后能严持法戒，勤苦修习，来生也绝不会再遭恶报。佛法如此济度众生，难道不是仁慈之至吗？……世人常常以一时之祸福而慨叹天道不公，此皆有如司马迁之感叹伯夷之善得恶报也。但正如孔子曾说：'积善之家，必有余庆；积不善之家，必有余殃。'但颜回、冉求夭疾，而商臣寿终，庄王则称霸，凡此等等，皆似理不可通。实际上，此类报应反常之事，并非于理不通，盖报应有迟速、早晚之不同罢了。虽然形体有存亡，但精神必定有所报应，此是绝对不容置疑的。孔氏在这方面的有些说法，与佛教的轮回报应思想是遥相契合的。……"

3　神不灭论

晋·郑鲜之

原典

多以形神同灭,照识俱尽,夫所以然,其可言乎,十世既以周、孔为极矣,仁义礼教先结其心,神明之本绝而莫言。故感之所体,自形已还,佛唱至言,悠悠弗信。余坠弱丧①,思拔沦溺,仰寻玄旨,研求神要,悟夫理精于形,神妙于理。寄象传心,粗举其证,庶鉴诸将悟,遂有功于滞惑焉。

夫形神混会,虽与生俱存,至于粗妙分源,则有无区异。何以言之?夫形也,五脏六腑,四肢七窍,相与为一,故所以为生。当其受生,则五常殊授。是以肢体偏病,耳目互缺,无夺其为生。一形之内,其犹如兹,况神体灵照,妙统众形。形与气息俱运,神与妙觉同流，虽动静相资，而精粗异源，岂非各有其本，相因为用者邪。近取诸身，即明其理，庶可悟矣。一体所资，肌骨则痛痒所知，爪发则知之所绝。其何故哉？岂非肌骨所以为生，爪发非生之本也。（《南藏》此下有"生在本邪，生之所本"八字。）生在本则知存，生在末则知灭。一形之用，犹以本末为兴废，况神为生本，其源至妙，岂得与七尺同枯，户牖②俱尽者哉。推此理也，则神之不灭，居可知矣。

客难曰："子之辨神形尽矣，即取一形之内，知与不知精矣。然形神虽粗妙异源，俱以有为分。夫所以为有，则生为其本。既孰有本已尽，而资乎本者，独得存乎？出生之表，则廓然冥尽，既冥尽矣，非但无所立言，亦无所立其识矣。识不立，则神将安寄？既无所寄，安得不灭乎？"答曰："子之难，辩则辨矣，未本诸心，故有若斯之难乎。夫万化皆有也，荣枯盛衰，死生代乎。一形尽，一形生，此有生之始终也。至于水火，则弥贯群生，赡而不匮，岂非火体因物，水理虚顺，生不自生，而为众生所资，因即为功，故物莫能竭乎？同在生域，其妙如此，况神理独绝，器所不邻，而限以生表冥尽，神无所寄哉。因斯而谈，太极③为两仪④之母，两仪为万物之本。彼太极者，浑元之气而已，犹能总此化根，不变其一，矧神明灵极，有无兼尽者邪。其为不灭，可以悟乎？"

难曰："子推神照于形表，指太极于物先，诚有其义，然理贵厌心，然后谈可究也。夫神形未尝一时相违，相违则无神矣。草木之无神，无识故也。此形尽矣，神将安附，而谓之不灭哉？苟能不灭，则自乖其灵，不资形矣。既不资形，何理与形为生，终不相违？不能相违，则生本是同，断可知矣！"答曰："有斯难也，形神有源，请为子循本而释之。夫火因薪则有火，无薪则无火。薪虽所以生火，而非火之本。火本自在，因薪为用耳。若待薪然后有火，则燧人⑤之前，其无火理乎？火本至阳，阳为火极，故薪是火所寄，非其本也，神形相资，亦犹此矣。相资相因，生涂所由耳，安在有形则神存，无形则神尽？其本惚恍，不可言矣。请为吾子广其类以明之。当薪之在水则火尽，出水则火生，一薪未改，而火前期，神不赖形，又如兹矣。神不待形，可以悟乎？"

难曰："神不待形，未可顿辨。就如子言，苟不待形，则资形之与独照，其理常一。虽曰相资，而本不相关。佛理所明，而必陶铸此神，以济彼形，何哉？"答曰："子之问有心矣。此悠悠之所感，而未暨其本者也。神虽不待形，然彼形必生。必生之形，此神必宅。必宅必生，则照感为一，自然相济。自然相济，则理极于陶铸。陶铸则功存，功存则道行，如四时之于万物，岂有心于相济哉？理之所顺，自然之所至耳。"

难曰："形神虽异，自然相济，则敬闻矣。子既譬神之于形，如火之在薪，薪无意于有火，火无情于寄薪，故能合用无穷，自与化永。非此薪之火，移于彼薪，然后为火。而佛理以此形既尽，更宅彼形，形神去来，由于罪福。请问此形为罪，为是形邪？为是神邪？若形也，则大冶之一物耳；若神也，则神不自济，系于异形，则子形神不相资之论，于此而踬⑥矣！"答曰："宜有斯问，然后理可尽也。所谓形神不相资，明其异本耳。既以为生，生生之内，各周其用。苟用斯生以成罪福，神岂自妙其照，不为此形之用邪。若其然也，则有意于贤愚，非忘照而玄会顺理，玄会，顺理尽形化。神宅此形，子不疑于其始，彼此一理，而性于其终邪。"

注释

① **弱丧**：指幼年即遭丧乱，失其故居。

② **户牖**：指门窗。《老子》曰："凿户牖以为室，当其无，有室之用。"

③ **太极**：指原始混沌之气。《易·系辞》上曰："易有太极，是生两仪，两仪生四象，四象生八卦。"

④ **两仪**：指天地。

⑤ **燧人**：即燧人氏，传说中人工取火之发明者。

⑥ **踬**：原指被绊倒，此指被驳倒。

译文

世人多以为形与神同灭，照与识俱尽，之所以会有这种看法，盖因长期以来，皆以周孔学说为极致，注重用仁义礼教陶冶人心，而神明之本绝而不言。致使本由神明所感而成之众生，竟不相信佛所说的神不灭之论。我自幼即遭丧乱，经常寻求摆脱苦海之路，遂探究玄旨，研讨神要，终领悟到理精于形而神妙于理。现简略列举一些事实，寄象传心，也许能有助于破诸疑滞。

神之与形，虽然与生俱存，但二者之间，却有精粗之区别。为什么这么说呢？形者，如五脏六腑，四肢七窍，因缘和合构成一个整体，遂有躯体的产生。当人受生之后，则五常分别授予不同的器官。所以即便肢体有病或缺少耳、眼等器官，也不妨碍其生存。形体尚且如此，何况神体灵照，妙统众形。形与气息一起运作，神与妙觉同时流行，虽然动与静相成相生，而精粗却各有其源，故二者各有其本而相因为用。现近取诸身，即能明白其中的道理。人的身体，肌体骨肉能够感觉到痛痒，而爪、发则毫无知觉，这是什么原因呢？因为肌骨乃生之本，而爪、发则非生之本。生之本则有知觉，非生之本则不会有知觉。同在一形体之内尚且有此区别，何况神为诸形体之本，其源至为精妙，岂能与七尺之躯一样，俱荣俱枯？由此推之，则神之不灭，当不言自明也。

有客诘难道："你之辨析神形关系，即于一体之内分有无知觉加以说明，此固然很有说服力，但形神虽然精粗异源，却都是一种存在。而这两种存在，都以生命为本。既然生命已经不存在了，那么寄存于生命的东西，怎么能够独存呢？生命之外，则廓然冥尽，既是冥尽，则不但无所立言，亦无所立其识也。识既不立，则神将寄托于何处？既然无所寄托，怎能不灭呢？"答道："你之所难，虽然有一定的道理，但根本的失误在于未本诸心，故有此问难。世间万物，都是一种存在，荣枯盛衰，变化不断。一种事物死亡了，另一种事物又产生了，故生生不息，日新月异。至于水火，则遍布世间，永不枯竭。……同样是一种存在，其至妙若此，何况神灵独绝，并不一定依附于某个特定的事物，而你却认为生命完结之后，神则无所寄托，岂不谬哉！如太极乃两仪之母，两仪则是万物之本。所谓太极者，乃浑元之气而已，其尚且能成为万化之根源，何况神明灵极，岂会因具体的生命体的死亡而消失，其之不灭，难道你还不理解吗？"

客又诘难道："你主张神可独立于形体之外，太极存在于万物之先，这确实可算是一种看法，但凡所立论，应该合乎情理。实际上，神之与形，一时也不可相离，相离则无神也。至于草木之类，因其无识故无神。神与形既不可相离，此形既毁，神将安附？如果神不灭，则自乖其灵，因其不资形矣。既不资形，又如何与形为生？可见，神之与形，终不能相离。既不能相离，则可知神与形同是一本。"答道："确实有如你刚才那样去诘难神可离形而独存的。但是，应该知道，形与神各有其源，今为你追根索源解释之。例如，火因薪则生，无薪则无火。薪虽然可以生火，但不是火之本。火之理原本自在，不过是借薪以为用罢了。如果必须有薪才有火，那么燧人氏之前，火理岂不存在了！其实，薪只是火的暂时载体罢了，并非火之本，神形相资为用，也是这个道理。二者相因相资，前者只是后者的一种形式，怎能说有形则神存，无形则神灭呢！进一步说，当薪浸泡于水中时，火就灭了，把薪拿出水面，火又烧着了，同一把薪，则有时能生火有时不能生火，神与形的关系亦是如此，难道你没有从中领悟到一点神不依赖形的道理吗？"

客又诘难道:"神可不依赖于形而存在,如你所说确实有一定道理,但如果神不依赖于形,则神与形相结合时同神离形而独存时,其理是一样的,如此说来,则虽然神有时依赖于形,但与形却了不相关。不过,佛教又常常教导人们,必须陶冶此神,以济其形,这又是为什么呢?"答道:"神虽然不一定依赖于形而存在,但事物因着各种条件必定要产生。而一旦形体产生之后,则神必定要寄托其中。既然各种形体必定产生,而神又必定寄托其中,则二者照感为一,故自然相济。既神形自然相济,则陶冶其神,必定能济助其形,犹如四季对万物,哪里是特意相济呢?其为顺应天理的自然相济罢了!"

客又诘难道:"形与神虽相异而又能相济,这种说法真使我大开眼界。你既以火薪譬喻神形,称薪与火可以独立存在而不一定俱生俱灭,故二者能合用无穷,生生不息。此中所言,非此薪之火,移至彼薪然后为火。而佛教常说,此形既尽,神更转寄彼形,并由此建立轮回报应理论。请问,此形所做之罪业,是形之罪,抑神之罪?如果是形之罪,则形不过是因缘而起之一假相罢了;若果是神之罪,则神是不依赖于形相互独立的,如此说来,造业者是哪一个呢?可见,你所提出的神形不相依赖的主张是不能成立的。"答道:"你此问难问得好,只有这样,才能把问题引向深入。所谓形神不相依赖,是指二者之本各有不同。既然神与形已存在于同一生命体中,神不可独照,而形不可独用,二者既各司其职,又共同起作用。如此,则此生之罪福,当是形神共同之作为,岂可离而言之,谓神自妙其照,而不为此形之用?如果是这样的话,那无疑是在混淆视听,绝非通达之论。"

4　难神灭论（并启）

梁·曹思文

原典

论曰："神即形也，形即神也。是以形存则神存，形谢则神灭也。"

难曰："形非即神也，神非即形也，是合而为用者也，而合非既矣。生则合而为用，死则形留而神逝。何以言之？昔者赵简子疾，五日不知人，秦穆公七日乃寤①，并神游于帝所②，帝赐之钧天广乐③。此其形留而神逝者乎。若如论言，形灭则神灭者，斯形之与神，应如影响之必俱也。然形既病焉，则神亦病也，何以形不知人，神独游帝所，而欣欢于钧天广乐乎？斯其寐也，魂交，故神游于蝴蝶，即形与神分也；其觉也，形开，蘧蘧然周也④，即形与神合也。然神之与形，有分有合，合则共为一体，分则形亡而神逝也。是以延陵窆⑤子而言曰：'骨肉归复于土，而魂气无不之也。'斯即形亡而神不亡也。然经史明证，灼灼也如此，宁是形亡而神灭者也？"

论曰："问者曰：经云，'为之宗庙，以鬼飨之。'通云：'非有鬼也，斯是圣人之教然也，所以达孝子之心，而厉渝薄之意也。'"

难曰："今论所云，皆情言也，而非圣旨。请举经记，以证圣人之教。《孝经》云：'昔者周公郊祀后稷⑥以配天，宗祀文王于明堂以配上帝。'若形神俱灭，复谁配天乎？复谁配帝乎？且无神而为有神。宣尼⑦云：'天可欺乎？'今稷无神矣，而以稷配，斯是周旦其欺天乎？果其无稷也，而空以配天者，既其欺天矣，又其欺人也。斯是圣人之教，教以欺妄也？设欺妄以立教者，复何达孝子之心，厉渝薄之意哉？"

原寻论旨，以无鬼为义。试重诘之曰：孔子菜羹瓜祭，祀其祖祢也。《记》云："乐以迎来，哀以送往。"神既无矣，迎何所迎？神既无矣，送何所送？迎来而乐，斯假欣于孔貌；送往而哀，又虚泪于丘体。斯则夫子之祭礼也，欺伪满于方寸，虚假盈于庙堂。圣人之教，其若是乎？而云圣人之教然也，何哉？

思文启：窃见范缜《神灭论》，自为宾主，遂有三十余条。思文不惟暗蔽，聊难论大旨，二条而已，庶欲以此倾其根本，谨冒上闻。但思文情用浅匮，惧不能征折诡经，仰默天照，伏追震悸。谨启。

注释

① 寤：睡醒之意。

② 帝所：指帝释天之所，亦即日常所说的天宫。

③ 钧天广乐："钧天"，指天之中央。"钧天广乐"，指天上的音乐。

④ 蘧蘧然周也：此典出自《庄子》。《庄子·齐物论》曰："昔者庄周梦为蝴蝶，栩栩然蝴蝶也。自喻适志也，不知周也。俄然觉，则蘧蘧然周也。""蘧蘧"，惊动之意。

⑤ 窒：埋葬之意。

⑥ 后稷：周的祖先，名弃，舜时农官，封于邰，别姓姬。

⑦ 宣尼：即孔子，汉平帝追谥孔子为"褒成宣尼公"。

译文

范缜在《神灭论》中说："神即是形，形即是神，所以形存则神存，形谢则神灭也。"

难曰："形非即神也，神非即形也，二者乃合而为用，而神形合而为用并非形即是神。有情体生则神与形合而为用，有情体死了，则形体遗留下来而精神迁逝。为什么这么说呢？过去赵简子生病，五日不省人事，秦穆公一觉睡了七日七夜，其神且游于玉帝御所，玉帝赐之予钧天广乐。这些都是形留而神暂时迁逝他处的例证。如果像范缜《神灭论》所说的，形灭则神灭，其形之与神应当像影响随形声一样，不可须臾离开，形体既有疾病，其神当也患病，为什么秦穆公不省人事，而精神能独游于帝所，欣赏钧天广乐呢？此诚如庄周，其睡着时，神游而化为蝴蝶，神与形分开了，其醒了时，神又与形合，故蘧蘧然庄周也。神之与形，实有分有合。合则共为一体，分则形亡而神逝。所以延陵埋葬儿子时说：'骨肉复归于土，而魂气无不在。'此即是形体亡而神识不亡之谓也。经史对于形亡而神存言之凿凿，怎么能说形体亡而神即灭呢？"

《神灭论》中曾记述一问者引经云："为之宗庙，以鬼飨之。"之后又说："可见，非有鬼也，此乃是圣人之神道设教，借以表达孝子之心，整肃渝薄之意也。"

难曰："今《神灭论》所说的，皆作者私意，而非圣人之言也。不妨借引经典，以证圣人之教。《孝经》曰：'过去周公郊祀后稷以配天，宗祀文王于明堂之上以配上帝。'如果形神俱灭，又以何配天呢？以何配帝呢？孔子也说：'天可欺乎？'如果后稷无神，而周公以稷配天，周公岂不是在欺天？如果无后稷而空以配天，则不但欺天，也欺人也。这些都是圣人之教，难道圣人会以欺天之教示人吗？难道这种欺妄之教能表达孝子之心、整肃渝薄之意吗？"

反复研寻《神灭论》，其旨意在立无鬼之义，对此，可以进一步驳斥之，孔子曾以菜羹瓜果祭祀祖宗。《礼记》云："以乐迎之，以哀送之。"如果无神识，又何所迎何所送、何哀何乐呢？孔子岂不是十足虚伪之徒吗？圣人之教果真是这样吗？

曹思文启：我所见之范缜的《神灭论》，以宾主答问的形式，有三十多条。现从两个大的方面去驳斥它，欲借此从根本推翻它的立论，谨奉上闻。由于思文才学疏浅，不一定能驳倒它，望皇上明鉴。谨启。

5　重难神灭论

梁·曹思文

原典

论曰:"若合而为用者,明不合则无用,如蛩駏^①之相资,废一则不可。此乃是灭神之精据,而非存神之雅决。子意本欲请战,而定为我援兵也。"论又云:"形之于神,犹刃之于利,未闻刃没而利存,岂形亡而神在?"又伸延陵之言:"即形消于下,神灭于上,故云'无不之'也。"又云:"以稷配天,非欺天也,犹汤放武伐^②,非弑君也。"子不责圣人放弑之迹,而勤勤于郊稷之妄邪?

难曰:"蛩蛩駏驉是合用之证耳,而非形灭即神灭之据也。何以言之?蛩非驉也,驉非蛩也。今灭蛩蛩,而駏驉不死;斩駏驉,而蛩蛩不亡,非相即也。今引此以为形神俱灭之精据,又为救兵之良援,斯倒戈授人,而欲求长存也。悲夫!斯则形灭而神不灭之证一也。"

论云:"形之与神,犹刃之于利,未闻刃没而利存,岂容形亡而神在?"雅论据形神之俱灭,唯此一证而已。愚有惑焉。何者?神之与形,是二物之合用,即论所引蛩駏相资是也。今刃之于利,是一物之两名耳。然一物两名者,故舍刃则无利也,二物之合用者,故形亡则神逝也。今引一物之二名,以征二物之合用,斯差若毫厘者,何千里之远也。斯又是形灭而神不灭之证二也。

又伸延陵之言曰:"即是形消于下,神灭于上。"论云形神是一体之相即,今形灭于此,即应神灭于形中,何得云形消于下,神灭于上,而云无不之乎?斯又是形灭而神不灭之证三也。

又云:"以稷配天,非欺天也,犹汤放桀,武伐纣,非弑君也。"即是权假以除恶乎?然唐、虞之君,无放伐之患矣!若乃运非太平,世值三季③,权假立教,以救一时,故权稷以配天,假文以配帝,则可也。然有虞氏④之王天下也,禘黄而郊喾,祖颛而宗尧⑤,既淳风未殄⑥,时非权假,而令欺天罔帝也何乎?引证若斯,斯又是形灭而神不灭之证四也。

斯四证既立,而根本自倾,其余枝叶,庶不待风而靡也。

注释

① 蛩駏：即蛩蛩与駏驉是相依为命之二兽。韩愈《醉留东野》诗、《汉书·司马相如传上》和《说苑·复恩》等文献均曾语及。

② 汤放武伐：指商汤放逐桀、周武讨伐纣王。

③ 三季：指夏、商、周三代之末年。《国语·晋》一曰："虽当三季之王亦不可乎？"

④ 有虞氏：古代部落首领，姓姚，名重华，相传受禅继尧位，都于蒲阪，《国语·鲁》上曰："故有虞氏黄帝而祖颛顼。"

⑤ 禘黄而郊喾，祖颛而宗尧："禘"指对远祖之祭祀；"黄"即黄帝；"郊"于郊外祭祀祖先；"颛"即颛顼；"尧"即传说中古帝陶唐氏之号。

⑥ 殄：灭绝之意。

译文

《神灭论》曰："若合而为用者，明不合则无用，如蛩蛩与駏驉，相互依存，缺一不可。这乃是神灭之根据，而非神不灭之理由。你本来欲借此向我挑战，不意之中却为我提供了有力的立论根据。"《神灭论》又说："形之与神，犹如刀刃和刃之锋利的关系，从来没有听说过没有刀刃了,而刃之锋利还存在,因此,形亡之后,神岂可独存?"《神灭论》又引延陵之话,并说:"延陵所说的,则是指形既消于下,神即灭于上,故云'无不之'。"又称:"以稷配天,非欺天也,此如商汤放桀、周武伐纣,非弑君也。"你不责备圣人流放君主,杀君的行为,却只独独关心郊祭的欺妄与否?

难曰:"蛩蛩駏驉确实是合用的证明,但不能以此去说明形灭即神灭。为什么这么说呢?蛩非驉也,驉非蛩也。如果把蛩蛩消灭了,而駏驉并不会死,把駏驉斩杀了,蛩蛩也不会亡。可见二者非相即也。现在你引此作为论证形神俱灭的根据,且自以为搬到了救兵,实际上却是授人予柄的愚蠢之举也,岂不悲哉!此则形灭而神不灭之证一也。"

《神灭论》说:"形之与神,犹如刀刃之与刃之锋利,从来不曾听说过没有刀刃了而刃之锋利还存在,故形既已死亡,神怎么还独存呢?"《神灭论》之论证形神俱灭,只有此算是一个较有力的证据。但我对此说却颇不以为然。为什么呢?因为神之与形,是二物之合用,此如《神灭论》所引证的如蛩駏之相互依存。而刀刃与刃之锋利,是一物之二名。因为是一物,故舍刃而无锋利可言,二物之合用,故形亡而神迁逝。今引一物二名,以证二物之合用,实是差之毫厘,失之千里。此是形灭而神不灭的证据之二。

《神灭论》又引延陵的话，说那是指形消于下而神灭于上。《神灭论》的作者既认为形神是一体之相即，今既说形体消灭了，则神应该灭于形之中，怎么又说形灭于下而神灭于上呢？此是形灭而神不灭的证据之三。

《神灭论》又说："以稷配天，非欺天也，此犹如商汤之放桀，周武之伐纣，非弑君也。"岂不是说这是借此立教以除恶吗？然而，唐、虞时代无放伐之事，若因时值乱世，借此立教，以救一时之需，故借后稷以配天、假文王以配帝，此犹可矣。但是，有虞氏王天下时，也曾祭黄帝而祀帝喾、祖颛顼而宗尧，既然其时民风淳厚、天下太平，又何必欺天罔帝，借此立教呢？此是形灭而神不灭的证据之四。

以上四证既立，《神灭论》已从根本被动摇了，其余论点，即不攻自破矣。

6 难神灭论（并序）

梁·萧琛

原典

内兄①范子缜著《神灭论》，以明无佛，自谓辩摧众口，日服千人。予意犹有惑焉，聊欲薄其稽疑，询其未悟。论至今所持者形神，所讼者精理。若乃《春秋》孝享，为之宗庙，则以为圣人神道设教，立礼防愚。杜伯②关弓，伯有③被介，复谓天地之间，自有怪物，非人死为鬼。如此，便不得诘以《诗》《书》，校以往事，唯可于形神之中，辨其离合。……

问曰："子云神灭，何以知其灭邪？"答曰："神即形也，形即神也。是以形存则神存，形谢则神灭也。"

问曰："形者，无知之称；神者，有知之名。知与无知，即事有异，神之与形，理不容一。形神相即，非所闻也。"答曰："形者，神之质；神者，形之用。是则形称其质，神言其用，形之与神，不得相异。"

难曰："今论形神合体，则应有不离之证。而直云神即形，形即神，形之与神，不得相异，此辨而无征，有乖笃喻矣。予今据梦以验，形神不得共体。当人寝时，其形是无知之物，而有见焉，此神游之所接也。神不孤立，必凭形器，犹人不露处，须有居室。但形器是秽暗之质，居室是蔽塞之地，神反形内，则其识微惛；惛，故以见为梦。人归室中，则其神暂壅；壅，故以明为昧。夫人或梦上腾玄虚，远适万里，若非神行，便是形往邪。形既不往，神又弗离，复焉得如此？若谓是想所见者，及其安寐，身似僵木，气若寒灰，呼之不闻，抚之无觉。既云神与形均，则是表里俱倦，既不外接声音，宁能内兴思想？此即形静神驰，断可知矣！"

问曰："神故非质，形故非用，不得为异，其义安在？"答曰："名殊而体一也。"

问曰："名既已殊，体何得一？"答曰："神之于质，犹利之于刃；形之于用，犹刃之于利。利之名非刃也，刃之名非利也，然而舍利无刃，舍刃无利。未闻刃没而利存，岂容形亡而神在？"

难曰："夫刃之有利，砥砺之功，故能水截蛟螭，陆断兕虎。若穷利尽用，必摧其锋锷，化成钝刃。如此,则利灭而刃存,即是神亡而形在,何云舍利无刃,名殊而体一邪?刃利既不俱灭,形神则不共亡,虽能近取譬,理实乖矣。"

问曰:"刃之与利,或如来说,形之与神,其义不然。何以言之?木之质无知也,人之质有知也。人既有如木之质,而有异木之知,岂非木有其一,人有其二邪?"答曰:"异哉言乎!人若有如木之质以为形,又有异木之知以为神,则可如来论也。今人之质,质有知也;木之质,质无知也。人之质,非木质也;木之质,非人质也。安在有如木之质,而复有异木之知。"

问曰:"人之质所以异木质者,以其有知耳。人而无知,与木何异?"答曰:"人无无知之质,犹木无有有知之形。"

问曰:"死者之形骸,岂非无知之质邪?"答曰:"是无知之质也。"

问曰:"若然者,人果有如木之质,而有异木之知矣。"答曰:"死者有如木之质,而无异木之知;生者有异木之知,而无如木之质。"

问曰:"死者之骨骸,非生者之形骸邪?"答曰:"生形之非死形,死形之非生形,区已革矣。安有生人之形骸,而有死人之骨骸哉?"

问曰:"若生者之形骸非死者之骨骸,死者之骨骸则应不由生者之形骸，不由生者之形骸，则此骨骼从何而至？"答曰："是生者之形骸，变为死者之骨骼也。"

问曰："生者之形骸，虽变为死者之骨骼，岂不因生而有死？则知死体犹生体也。"答曰："如因荣木变为枯木，枯木之质，宁是荣木之体？"

问曰："荣体变为枯体，枯体即是荣体。如丝体变为缕体，缕体即是丝体，有何咎焉？"答曰："若枯即是荣，荣即是枯，则应荣时雕零，枯时结实。又，荣木不应变为枯木，以荣即是枯，故枯无所复变也。又，荣枯是一，何不先枯后荣，要先荣后枯何也？丝缕同时，不得为喻。"

问曰："生形之谢，便应豁然都尽，何故方受死形，绵历未已邪？"答曰："生灭之体，要有其次故也。夫欻然而生者，必欻然而灭。渐而生者，必渐而灭。欻而生者，飘骤是也；渐而生者，动植是也。有欻有渐，物之理也。"

难曰："论云：'人之质有知也，木之质无知也。'岂不以人识凉燠、知痛痒，养之则生，伤之则死邪？夫木亦然矣，当春则荣，在秋则悴，树之必生，拔之必死，何谓无知？今人之质，犹如木也，神留则形立，神去则形废。立也即是荣木，废也即是枯木，子何以辨此非神知，而谓质有知乎？凡万有皆以神知，无以质知者也。但草木蜫虫之性,裁觉荣悴生死;生民之识,则通安危利害。何谓非有如木之质以为形,又有异木之知以为神邪?此则形神有二,居可别也。但木禀阴阳之偏气,人含一灵之精照,其识或同,其神则异矣。骨骸形骸之论,死生授受之说,义既前定,事又不经,安用典辨哉?"

问曰:"形即神者,手等亦是神邪?"答曰:"皆是神分。"

问曰:"若皆是神分,神应能虑,手等亦应能虑也。"答曰:"手等有痛痒之知,而无是非之虑。"

问曰:"知之与虑,为一为异?"答曰:"知即是虑。浅则为知,深则为虑。"

问曰:"若尔应有二虑,虑既有二,神有二乎?"答曰:"人体惟一,神何得二?"

问曰:"若不得二,安有痛痒之知,而复有是非之虑?"答曰:"如手足虽异,总为一人。是非痛痒虽复有异,亦总为一神矣。"

问曰:"是非之虑不关手足,当关何也?"答曰:"是非之虑,心器所主。"

问曰:"心器是五脏之心非邪?"答曰:"是也。"

问曰:"五脏有何殊别,而心独有是非之虑?"答曰:"七窍亦复何殊,而所用不均何也。"

问曰："虑思无方，何以知是心器所主？"答曰："心病则思乖，是以知心为虑本。"

问曰："何知不寄在眼等分中邪？"答曰："若虑可寄于眼分，眼何故不寄于耳分？"

问曰："虑体无本，故可寄之于眼分。眼自有本，不假寄于他分。"答曰："眼何故有本，而虑无本？苟无本于我形，而可遍寄于异地，亦可张甲之情，寄王乙之躯，李丙之性，托赵丁之体？然乎哉？不然也。"

难曰："论云：'形神不殊，手等皆是神分。'此则神以形为体，体全即神全，体伤即神缺矣。神者何？识虑也。今人或断手足、残肌肤，而智思不乱。犹孙膑刖趾，兵略愈明，肤浮解腕，儒道方谧。此神与形离，形伤神不害之切证也。但神任智以役物，托器以通照，视听香味，各有所凭，而思识归乎心器。譬如人之有宅，东阁延贤，南轩引景，北牖招风，西棂映月，主人端居中溜，以收四事之用焉。若如来论，口鼻耳目各有神分，一目病即视神毁，二目应俱盲矣；一耳疾即听神伤，两耳俱应聋矣。今则不然，是知神以为器，非以为体也。又云：'心为虑本，虑不可寄之他分。'若在于口眼耳鼻，斯论然也；若在于他心，则不然矣。耳鼻虽共此体，不可以相离，以其所司不同，器用各异也。他心虽在彼形，而可得相涉，以其神理均妙，识虑齐功也。故《书》称：'启尔心，沃朕心。'《诗》云：'他人有心，予忖度之。'齐桓师管仲之谋，汉祖用张良之策，是皆本之于我形，寄之于他分。何云张甲之情，不可托王乙之躯？李丙之性，勿得寄赵丁之体乎？"

问曰："圣人之形，犹凡人之形，而有凡圣之殊？故知形神异矣。"答曰："不然。金之精者能照，秽者不能照。能照之精金，宁有不照之秽质？又岂有圣人之神，而寄凡人之器；亦无凡人之神，而托圣人之体。是以八彩④、重瞳⑤、勋⑥、华⑦之容；龙颜⑧、马口⑨、轩⑩、皞⑪之状，此形表之异也。比干之心，七窍并列；伯约之胆，其大如拳，此心器之殊也。是以知圣人区分，每绝常品，非惟道革群生，乃亦形超万有。凡圣均体，所未敢安。"

问曰："子云圣人之形，必异于凡。敢问阳货类仲尼，项籍似虞帝，舜、项、孔、阳，智革形同，其故何邪？"答曰："珉似玉而非玉，鹞类凤而非凤，物诚有之，人故宜尔。项、阳貌似而非实似，心器不均，虽貌无益也。"

问曰："凡圣之殊，形器不一可也。圣人圆极，理无有二。而丘（按，原误作'立'字，据《梁书》卷四十八《范缜传》改）、旦殊姿，汤（按，原误作'阳'字，据《梁书》卷四十八《范缜传》改）、文⑫异状，神不系色，于此益明。"答曰："圣与圣同，同于圣器，而器不必同也。（按，此句《梁书》本传作：'圣同于心器，形不必同也。'）犹马殊毛而齐逸，玉异色而均美。是以晋棘、楚和⑬，等价连城，骅骝、盗骊，俱致千里。"

问曰："形神不二，既问之矣，形谢神灭，理固宜然。敢问经云：'为之宗庙，以鬼飨之。'何谓也？"答曰："圣人之教然也，所以从孝子之心，而厉渝薄之意。神而明之，此之谓矣。"

问曰："伯有被甲，彭生豕见，坟、索⑭（按，原误作'素'字，据文义改）着其事，宁是设教而已邪？"答曰："妖怪茫茫，或存或亡。强死者众，不皆为鬼，彭生、伯有，何独能然？乍人乍豕，未必齐、郑之公子也。"

问曰："《易》称：'故知鬼神之情状，与天地相似而不违。'又曰：'载鬼一车。'其义云何？"答曰："有禽焉，有兽焉，飞走之别也。有人焉，有鬼焉，幽明之别也。人灭而为鬼，鬼灭而为人，则吾未知也。"

难曰："论云：'岂有圣人之神，而寄凡人之器？亦无凡人之神，而托圣人之体。'今阳货类仲尼，项籍似帝舜，即是凡人之神，托圣人之体也。珉玉鹠凤，不得为喻。今珉自名珉，玉实名玉，鹠号鸡鹠，凤曰神凤，名既殊称，貌亦爽实。今舜重瞳子，项羽亦重瞳子，非有珉玉二名,唯睹重瞳相类。又有女娲蛇躯,皋陶马口,非直圣神入于凡器,遂乃托于虫畜之体。此形神殊别,明暗不同,兹益昭显也。若形神为一,理绝前因者,则圣应诞圣,贤必产贤,勇怯愚智,悉类其本。既形神之所陶甄,一气之所孕育,不得有尧睿朱嚚,瞍顽舜圣⑮矣。论又云:'圣同圣器,而器不必同,犹马殊毛而齐逸。'今毛复是逸气邪!马有同毛色而异驽骏者。如此,则毛非逸相,由体无圣器矣。人形骸无凡圣之别,而有贞脆之异,故遐灵栖于远质,促神寓乎近体,唯斯而已耳。……"

问曰:"知此神灭,有何利用?"答曰:"浮屠害政,桑门蠹俗,风惊雾起,驰荡不休。吾哀其弊,思拯其溺。夫竭财以趣僧,破产以趋佛,而不恤亲戚,不怜穷匮者,何邪?良由厚我之情深,济物之意浅。是以圭撮涉于贫友,吝情动于颜色;千钟委于富僧,欢怀畅于容发。岂不以僧有多稌之期,友无遗秉之报?务施不关周给,立德必于在己。又惑以茫昧之言,惧以阿鼻之苦,诱以虚诞之辞,欣以兜率之乐。故舍逢掖,袭横衣,废俎豆,列瓶钵,家家弃其亲爱,人人绝其嗣续。至使兵挫于行间,吏空于官府,粟罄于情游,货殚于土木。所以奸宄弗胜,颂声尚拥(按,原误作'权'字,据《梁书》本传改),惟此之故也。其流莫已,其病无垠。若知陶甄禀于自然，森罗均于独化，忽焉自有，恍尔而无，来也不御，去也不追，乘夫天理，各安其性。小人甘其垄亩，君子保其恬素。耕而食，食不可穷也；蚕以衣，衣不可尽也。下有余以奉其上，上无为以待其下。可以全生，可以养亲，可以为己，可以为人，可以匡国，可以霸君，用此道也。"

难曰："佛之有无，寄于神理存灭。既有往论，且欲略言。今指辨其损益，语其利害，以弭夫子过正之谈。子云：'释氏蠹俗伤化，费货损役。'此惑者为之，非佛之尤也。佛之立教，本以好生恶杀，修善务施。好生非止欲繁育鸟兽，以人灵为重；恶杀岂可得缓宥逋逃，以哀矜断察。修善不必赡丈六之形，以忠信为上；务施不苟使殚财土木，以周给为美。若悉绝嗣续，则必法种不传，如并起浮图，又亦播殖无地。凡人且犹知之，况我慈氏，宁乐尔乎？今守株桑门，迷务俗士，见寒者不施之短褐，遇馁者不锡以糠豆，而竞聚无识之僧，争造众多之佛，亲戚弃而弗眄，祭祀废而弗修，良缯碎于刹上，丹金縻于塔下，而谓为福田，期以报业。此并体佛未深，解法不妙，虽呼佛为佛，岂晓归佛之旨；号僧为僧，宁达依僧之意。此亦神不降福，予无取焉。夫六家之术，各有流弊，儒失于僻，墨失于蔽，法失于峻，名失于讦。咸由祖述者失其传，以致泥溺。今子不以僻蔽诛孔、墨，峻讦责韩、邓，而独罪我如来，贬兹正觉，是忿风涛而毁舟楫也。今悖逆之人，无赖之子，上罔君亲，下虐侪类，或不忌明宪，而乍惧幽司，惮阎罗之猛，畏牛头之酷，遂悔其秽恶，化而迁善，此佛之益也。又，罪福之理，不应殊于世教，背乎人情。若有事君以忠，奉亲唯孝，与朋友信，如斯人者，犹以一眚掩德，蔑而弃之，裁犯虫鱼，陷于地狱，斯必不然矣。夫忠莫逾于伊尹，孝莫尚乎曾参。若伊公宰一畜以膳汤，曾子烹只禽以养点，而皆同趋炎镬，俱赴锋树。是则大功没于小过，奉上反于惠下。昔弥子矫驾，犹以义弘免戮。呜呼！曾谓灵匠不如卫君乎？故知此为忍人之防，而非仁人之诫也。若能凿彼流宕，衅不在佛，观此祸福，识悟教诱，思息末以尊本，不拔本以拯末，念忘我以弘法，不后法以利我，则虽曰未佛，吾必谓之佛矣。"

注释

① **内兄**：即妻子之兄。

② **杜伯**：周宣王大夫，封于杜，故名。史籍记载他无罪被杀，后来周宣王在园中狩猎时见杜伯乘白马素车，朱衣冠，射杀宣王。

③ **伯有**：春秋时郑国大夫良宵的字。他主持国政时，与贵族驷带发生争执，被杀，传说他死后变为厉鬼。

④ **八彩**：古代传说，尧目八彩。

⑤ **重瞳**：传说舜目有二瞳子。

⑥ **勋**：即放勋，唐尧号放勋。

⑦ **华**：即重华，虞舜之名。

⑧ **龙颜**：即眉骸圆起，据说黄帝具此颜貌。

⑨ **马口**：传说皋陶具此异相。

⑩ **轩**：即轩辕，亦即传说中的黄帝。

⑪ **皡**：即伏羲氏。

⑫ **丘、旦、汤、文**：丘即孔丘，旦即周公旦，汤即商汤，文即周文王。

⑬ **晋棘、楚和**：晋棘即晋国垂棘之璧，楚和即楚国之和氏璧。二者都是价值连城之美玉。

⑭ **坟、索**：即三坟五典与八索九丘。均为古书名。相传三坟为伏羲、神农、黄帝之书；五典为少昊、颛顼、高辛、尧、舜之书；八索为八卦之说，九丘为九州之志。

⑮ **尧睿朱嚚，瞍顽舜圣**：尧即唐尧，朱即丹朱，相传为尧的儿子；舜即虞舜，瞍，别名瞽叟，相传为虞舜之父。这句话的意思是说，唐尧聪睿而其子却不肖，虞舜大圣而其父却顽嚚。

译文

内兄范缜著《神灭论》，主张无佛，自称辩才无碍，日服千人。我对其论却颇有疑惑，聊以质疑。其论所谈者是形神关系，并附以细密之理论，对于古代之祭祀等，则认为这是圣人神道设教，立礼防愚，并非真有鬼神的存在。既然如此，便不得不以《诗》《书》所说去诘难它，并验诸往事，才可以论证形与神的离合关系。……

问曰（范缜《神灭论》中之设问）："你说神灭，怎么知道其灭呢？"答道（范缜之答）："神即形也，形即神也，所以形存即神存，形谢即神灭。"

问曰（仍是《神灭论》中之设问）："形者，无知觉之称，神者，有知觉之名。知与无知，当然是有区别的，所以，神之与形，自然不能没有差别。形即是神这种论点，从来没有听说过。"答道（仍是范缜之答）："形者，是神之体质，神者，形之作用。神形乃是体用关系，不能把它们分开。"

难曰（萧琛之诘难）："说形神一体，必须有神离不开形的证据。至于说神即是形，形即是神，形之与神没有区别，这种说法就更荒诞不经了。现在不妨以梦为例，证明形神并非一体而不可离。当人做梦时，其形体是无知觉的，但人在梦中却经常看见许多东西，这乃是游离了形体之神所看到的。神不孤立，必定寄托于一定的形体，此有如人不会露宿，而必须有居室一样。但形器是秽暗之质，居室是蔽塞之地，神居于形体内时，则其识不甚清明，故产生梦这种现象，人回到黑暗的居室中时，有时也会把白天当作黑夜。当人做梦时，或上腾云霄，或日行万里，如果不是其神远游，便是其形亲往。但人睡着时，其形是不会亲往的，如果不是神在远游，又怎会如此呢？若说梦境是想象的产物，那么，当人入睡时，身如枯木，气息微弱，呼之不醒，摸之无觉。既然说形神是一，外既不接音声，内岂能独自思想？可见这是形体在歇息而精神却独自去远游。"

问曰（《神灭论》中之设问）："神故非质，形故非用，二者不得为异，这是什么道理？"答道（范缜之答）："名异而体一。"

问曰（《神灭论》中之设问）："名既然不同，体何以能一？"答道（范缜之答）："神之与质，犹如锋利之与刀刃；形之与用，犹如刀刃之与锋利。锋利与刀刃虽然不是一回事，但离开刀刃则无锋利，没有锋利了也不成其为刀刃。不曾听说过没有刀刃了，还存在锋利，怎么可能在形体消失之后，精神还存在呢？"

难曰（萧琛之诘难）："刀刃之所以会有锋利，盖因磨砺之功，故能水里斩蛟龙，山中杀凶虎。若砍斫过度，则成为钝刀。此时，虽锋利已不复存在了，但刀刃照样存在，形亡而神在也是这样，怎能说没有了锋利，刀刃就不存在了呢？怎么能说形神名异而体一呢？刀刃与锋利既然不会同时消失，形神之不会同时消亡的道理就不难理解了。"

问曰（《神灭论》中之设问）："刀刃与锋利的关系，或许正如你所说的那样，但形神的关系则不然。为什么这么说呢？因为木之质无知，而人之质有知。人既有如木那样没有知觉之质（如爪发），又有不同于木头的地方，即有知觉（如肌肤），如此，岂非木有其一，而人有其二？"答道（范缜之答）："你所说的是两码事。如果人有像木头那样的形质，又有不同于木头之知以为神，则可以像你所说的那样。但是，人的形质，本身是有知觉的，而木头之质，本来就是无知觉的。人之形质，本来就不是木头的形质，木头的形质，亦非人之质。并不是人有像木头那样的形质，而却具有不同于木头那样的知觉。"

问曰（《神灭论》中之设问）："人的形质所以不同于木头之质，正是因为人之形质有知。人的形质要是无知，则与木头何异？"答道（范缜之答）："人无无知之质，犹如木头没有有知之形质一样。"

问曰（《神灭论》中之设问）："人一旦死亡，其形质不就与木头的形质那样没有知觉了吗？"答道（范缜之答）："人死之后其形质确实像木头的形质一样没有知觉。"

问曰（《神灭论》中之设问）："如果是这样，岂不是人有与木头一样不具有无知觉的形质，而又有具有不同于木头的知觉吗？"答道（范缜之答）："人死之后，其形质确实与木头的形质没有什么差别，所以人死之后，与木头一样不具有知觉，但人活着时则有不同于木头的知觉，但人只要还活着，其形质就与木头不同。"

问曰（《神灭论》中之设问）："死者的骨骼难道不是生者之形骸吗？"答道（范缜之答）："人活着时与死之后的形质是截然不同的，生者之形骸怎么会是死者之骨骼呢？"

问曰（《神灭论》中之设问）："如果生者之形骸非死者之骨骼，那么此死者之骨骼是从何而来呢？"答道（范缜之答）："死者之骨骼是由生者之形骸变化而成的。"

问曰（《神灭论》中之设问）："死者之骨骼既是由生者之形骸变化而成的，岂非因生而有死？可见死者之形体犹如生者之形体。"答道（范缜之答）："这有如树木由荣变枯，其枯死了的木头难道与生长着的树木一样吗？"

问曰（《神灭论》中之设问）："树木枯死之后，枯木之体即是树木之体。这有如丝体变为缕体，缕体变为丝体一样，有什么不对呢？"答道（范缜之答）："如果枯木即是树木，树木即是枯木，那么树木活着时应该凋零，枯死之后则会开花结果。又，如果树木即是枯木，那么也无所谓'变'了。再者，如果树木与枯木是一，那树木能否先枯后荣呢？至于丝之与缕，则是同时存在，应另当别论。"

问曰（《神灭论》中之设问）："生物之死，应该是顿时死亡，何故死亡都有一个过程呢？"答道（范缜之答）："生物之死亡，是各各有别的。那类突然而生的东西，其死则是突然而灭。而那类渐渐出生的东西，其死亦大多有一个过程。所有的动植物，都是渐生渐死的。生死有顿有渐，这是物理之本然。"

难曰（萧琛之诘难）："《神灭论》说，'人之形质有知，而木头之质无知'，岂不是因为人识凉热、知痛痒，养之则生，伤之则死？而树木也是一样，春天则生长，秋天则凋谢，栽培则生，拔之则死，怎能说树木无知呢？人之形质，也与树木一样，神在则形立，神去则形废。立即荣木，废即枯木，怎能说树木之质无神知，而其质有知呢？世间万有，皆以神知，没有哪一种东西是以质知的。所不同的是，树木昆虫只有荣悴生死，而人则更通安危利害，怎么能说人之形质不同于树木之质，又有不同于树木之神呢？如此，则形神有二矣。树木因为只禀有阴阳之偏气，而人则更含一灵之精照，二者之识或许是相同的，但二者之神则不可能无异。由此看来，《神灭论》所说的人质有异木质、骨骸有异形骸诸论可以休矣。"

问曰（《神灭论》中之设问）："你说形即神者，人的手足等也是神吗？"答道（范缜之答）："皆是神的一种。"

问曰（《神灭论》中之设问）："如果人的手足皆是神的一种，神应该能够思虑，手足等肢体也能思虑吗？"答道（范缜之答）："手足有痛痒之知，但无是非之虑。"

问曰（《神灭论》中之设问）："知觉之与思虑，是一是异？"答道（范缜之答）："知觉与思虑有同有异，从大的说，知觉也是一种思虑，进一步说，浅则为知觉，深则为思虑。"

问曰（《神灭论》中之设问）："照你这么说，则思虑有二种，如果思虑真有二种，神也有二吗？"答道（范缜之答）："人只有一个形体，其神怎能有二？"

问曰（《神灭论》中之设问）："如果人之神不得有二，怎么既有痛痒之知，又有是非之虑呢？"答道（范缜之答）："这正如人的手足虽然有别，但同为一人之手足。是非之虑、痛痒之知的差别亦然，虽有二者之区分,但总为一神所统管。"

问曰(《神灭论》中之设问):"是非之虑不关手足,那么它由何主管?"答道(范缜之答):"是非之虑,乃由心所主管。"

问曰(《神灭论》中之设问):"心即是五脏中的那个心吗?"答道(范缜之答):"是也。"

问曰(《神灭论》中之设问):"五脏各有何区别,而心独有是非之虑?"答道(范缜之答):"不但五脏各有其功用,七窍之功用亦各各不同。"

问曰(《神灭论》中之设问):"思虑无方无所,怎么知道它是由心所主管?"答道(范缜之答):"心有病则思虑反常,故知心乃是思虑之本。"

问曰(《神灭论》中之设问):"怎么知道思虑不由眼主管?"答道(范缜之答):"若思虑可由眼主管,则视力何不由耳朵主管呢?"

问曰(《神灭论》中之设问):"因为思虑无体,故可寄托于眼睛,视力自有其本,故不必寄托于耳朵。"答道(范缜之答):"凭什么说思虑无本而视力有本呢?如果思虑不本于某个特定的形体,那么,张甲之情,即可寄于王乙之躯,李丙之性,也可寄托于赵丁之体了?是这样吗?不是的。"

难曰(萧琛之诘难):"《神灭论》说:'形神相即,

手足等也皆由一种神所主管。'此则神以形为体，体全则神全，体伤则神缺矣。什么是神呢？神则识虑也。现在如果把某人的手足砍断，把其骨肤刺伤，他仍然可以神志不乱。此犹孙膑刖趾，其用兵之韬略愈明，肤浮解腕，其儒道愈精。此乃神与形离，形虽被伤而神不受损害的例证。但神任智而役物，寄托于器物以通照，视听香味，各有其所凭借，而思虑归乎心。此如人有居宅，东西南北屋各有其用，主人则居于中间，总管全宅并享各屋之用。如果像《神灭论》所说的，口鼻耳目各有其神主管，那么，当一个眼睛患疾时，视力之神则毁。视力之神既毁，则应二目俱盲。同样，一耳患疾，则听神伤，听神既伤，即应二耳皆聋。但事实上并不是这样，可见神是'器'而非'体'。《神灭论》又说：'心为思虑之本，思虑不可寄托于其他器官。'如果此指耳目口鼻诸神不可混杂，则是对的，如果是指心，则不然也。因为耳目口鼻之神虽然共处一体之中，但它们各有其功能，不可相互混杂和替代。但心则不同。心虽然处于不同的形体之中，但因其理均妙，识虑齐功，故相互之间可以相互交涉。这正如《尚书》中所说的：'开启你之心，以温沃我之心。'《诗经》中也说：'他人有心，我能够忖度之。'历史上齐桓公采用管仲之谋略，汉高祖听从张良的计策，这都是本于我形而寄于他分的例证。

为什么说张甲之情不可寄托于王乙之躯呢？李丙之性，不能寄托于赵丁之体呢？"

问曰（《神灭论》中之设问）："圣人之形，与凡人之形并没有多大区别，为什么会有凡圣之分？故知形神异也。"答道（范缜之答）："不然也。同样是金子，其明洁者能够照人照物，而如果被污秽了，则不能照物。能映照之精金，怎么会有粗金之秽质呢？所以，不会有圣人之神寄托于凡人之形体中，也没有凡人之神寄托于圣人之形体中。所以唐尧八彩，虞舜重瞳，轩辕龙颜，皋陶马口，此皆古圣人之异相，而比干之心，七窍并列；伯约之胆，其大如拳，他们之心器都不同一般。可见，圣人之道既很高深，其形质也不同凡人。你说凡圣之形质没有差别，实不敢苟同。"

问曰（《神灭论》中之设问）："你说圣人之形质，必定不同于凡人之形质，请问，为什么阳货的长相像孔子，项籍生得与虞舜差不多。虞舜、项籍、孔子、阳货他们的智慧、德行有天渊之别，但形体却没有多大差别，这又做何解释呢？"答道（范缜之答）："珉似玉而非玉，鹨鹛像凤而非凤，人类也有同样的现象，项籍、阳货虽然貌有点类似虞舜、孔子，但心器不同，所以，仅仅外表有点类似是没有用的。"

问曰（《神灭论》中之设问）："凡圣殊别，故其形质不同，这一点较好理解，如果同是圣人，他们的形质则不应该再有什么差别，但是，孔丘与周公容貌不同，商汤与周文王，相状各异，可见，神并不一定附着于形体。"答道（范缜之答）："圣人与圣人相同，同属于圣人一类的形质，但圣人的形质不一定都是完全相同的，这有如马的毛虽然各各殊异，但作为马，它们都善于奔跑，又如各种玉的颜色不尽相同，但它们都十分美观，晋之棘、楚之和，都价值连城，而骐骥、盗骊都能一日千里。"

问曰（《神灭论》中之设问）："形神不二，既如上问，形谢神灭，理之固然。敢问为什么儒家的经典中说：'为之宗庙，以鬼飨之。'这又是什么意思？"答道（范缜之答）："此乃圣人因道设教，以从孝子之心，乃至于浮薄之行为思念，都能微妙地明鉴秋毫，意在于此矣。"

问曰（《神灭论》中之设问）："伯有死后变为厉鬼，彭生死后变为猪，这些都是经典上所记载的，难道也都是在因道设教吗？"答道（范缜之答）："世间事物五花八门、千奇百怪，死的形式也很多，未必都为鬼。彭生、伯有也不能例外。乍人乍猪，他们的前身未必就是齐国、郑国的公子。"

问曰（《神灭论》中之设问）："《易》称：'故知鬼

神之状,与天地相似而不违。'又曰:'载鬼一车。'这又做何解释?"答道(范缜之答):"世间有禽有兽,区别是有的在天上飞,有的在地上走,天地间有人有鬼,区别在于幽明不同。人死后变为鬼,鬼又变为人,我不相信有这种事。"

难曰(萧琛之诘难):"《神灭论》说:'岂有圣人之神,而寄凡人之体?亦无凡人之神,而托圣人之体。'事实上,阳货类似孔子,项籍很像虞舜,这就是凡人之神,寄托于圣人之体。珉玉、鹛凤之说,并不是很恰当的比喻。珉本自名为珉,玉就是玉,鹛号鸡鹛,凤曰神凤,名称本自不同,其质当然有别。但是虞舜重瞳,项羽亦重瞳,并不像珉玉那样有二名,而在重瞳这一点是共同的。又如女娲蛇躯,皋陶马口,这就不仅仅是圣人神识入于凡人之形体了,而且寄托于虫畜之体。可见,形神殊别,明暗不同,其理昭昭。如果形神为一,则圣应生圣,贤必产贤,勇敢、懦弱、聪明、愚蠢所生都类其本。既然形神不体,皆为一气之所孕育,那么尧不应该生丹朱,瞽叟不应该生舜。《神灭论》又说:'圣人同是圣人一类的形体,而各个圣人的形体不一定完全相同,此有如马毛虽不尽相同,而其善于奔跑则是共同的。'照此说来,马之毛与其奔跑能力也有一定的联系了!但是,有许多马匹虽然毛色相同,但奔跑起来却大不一样，可见，马之毛并非是否善于奔跑的标志，由此可知，把圣人不同的形体比作马的不同毛色是不恰当的。实际上，人的形质并没有凡圣之区别，但有贞脆之不同，所以近灵可以栖于远质，此神可以寓于彼体，仅此而已矣。……"

问曰（《神灭论》中之设问）："你倡神灭论，究竟意在何为？"答道（范缜之答）："浮屠害政，桑门蠹俗，佛教之兴，弄得社会不得安宁。我痛恨其弊端，欲拯百姓于水火之中。当今社会上，人们竭财以趣僧，破产以趋佛，而不体恤亲戚、怜愍穷困，为什么会这样呢？盖由厚我之情深而济物之意浅。所以对于贫穷亲友之救济，几近于一毛不拔；而对于富僧之施舍，则千钟万斗，在所不惜。岂不是因为自己对于佛教有所期豫，而觉得贫穷之亲友不可能给予什么回报？从事布施关键不在于济人利他，然而立德必然在于己出。而佛教呢，则常常惑以茫昧之言，怖以地狱之苦，诱以虚诞之辞，欣以兜率之乐。致使社会上争相事佛，家家弃其亲爱，人人绝其后嗣，无人愿意当兵和做官，而钱财都被拿去修建寺院庙宇，其之为害，实在不可胜言。如果大家都能遵从天理，安守本份，一般百姓安心于耕作，君子恬淡寡欲。靠耕作而食，则食不可穷；蚕而衣，则衣不可尽。下有余而奉上，上无为以待下。如此既可以全生,又可以养亲,既可以为人,又可以匡国,岂不是很好吗?"

难曰(萧琛之诘难):"佛之有与无,以神之是否存在为依据。对此,上面已经语及,此不赘。现在范缜又谈到佛教之利害、损益问题,故有必要略加论难,以正视听。范缜说:'佛教蠹俗害政,有伤教化,劳民伤财。'此纯是危言惑众。佛之立教,最提倡好生恶杀、修善博施。好生不仅仅是不杀鸟兽之类,尤其反对滥杀百姓,因为人乃是生物中之最灵者,恶杀亦非无原则地反对刑罚,妨碍国家的治理。修善绝非只教人礼拜佛菩萨,尤以忠信为上;博施亦非让人倾家财以建寺院,唯以济人利他为美。如果所有的人都出家,悉绝嗣续,则佛法也无人去传扬;如果处处尽起寺塔,则连耕作之地也没有了。这是平民百姓都懂的最一般的常识,难道佛陀不懂吗?难道佛教赞成这么做吗?时下有些人,以事佛为名,见人受冻连麻褐也不肯施舍,见人挨饿连粗糠也不愿意周济,纠聚一些无识之僧,争相铸造佛像,而弃亲戚于不顾,大造华丽的寺塔,而任凭宗祠毁坏也不去修缮,并且把这作为建福田,希望得到好的报应。这些人都是不懂得佛法真谛,虽然表面在事佛,实际上根本不懂佛的旨趣;表面上是僧人,实际上根本不懂僧人的意义所在。对于这种人、这种事,是得不到上天的降福的，也是我反对的。但是，各家学说，各有其流弊。如儒家失于僻而墨家失于蔽，法家失于严刑峻法而名家失于好强争辩。这些都是祖述各家旨意者失其传，以致产生种种弊端。现在范缜不因僻、蔽而抨击孔墨，不因峻法、好斗去讨伐韩非子和邓析，而独独对佛教的流弊大加鞭笞，真是憎恨风涛而欲废舟楫也。现在有些罪人逆子、无赖之徒，上欺君亲而下虐同类，无视人伦，不怕国法，但却很怕地狱、恶报，佛教能够使这些人去恶从善，此是佛教之一大利益也。又，佛教之罪福之报，与世俗之教、人伦之情也不相违背，如果能够事君以忠，奉亲以孝，对朋友讲信义，这种人必不会遭地狱之报。在历史上，忠莫过于伊尹，孝莫过于曾参。如果因为伊尹宰一畜以供养商汤，曾子烹一禽以赡养父母，也都遭受地狱之报，那岂不是大功没于小过吗？过去弥子曾有矫驾之过，但因其义而免遭杀戮。唉！不是曾说过灵匠不如卫君吗？所以说这是小人之防，并非是仁人的诫慎。如果能知彼迷失错并不在佛，而观此祸福领悟正法而开导群生，崇本以息末，而不是相反，在个人与佛法的关系上，则应该忘我地去弘扬佛法，而不是把个人利益摆在佛法之上，如果能够这样，则虽然不一定事佛，但我以为他就是佛了。"

7　形尽而神不灭

晋·慧远

原典

问曰："……夫禀气极于一生，生尽则消液而同无，神虽妙物，故是阴阳之所化耳。既化而为生，又化而为死；既聚而为始，又散而为终。因此而推，固知神形俱化，原无异统，精粗一气，始终同宅。宅全则气聚而有灵，宅毁则气散而照灭。散则反所受于天本，灭则复归于无物。反复终穷，皆自然之数耳。孰为之哉？若令本异，则异气数合，合则同化，亦为神之处形。犹火之在木，其生必存，其毁必灭。形离则神散而罔寄，木朽则火寂而靡托，理之然矣。……"

答曰："夫神者何耶？精极而为灵者也。精极则非卦象之所图，故圣人以妙物而为言，虽有上智，犹不能定其体状，穷其幽致。而谈者以常识生疑，多同自乱，其为诬也，亦已深矣。将欲言之，是乃言夫不可言。今于不可言之中，复相与而依稀。神也者，圆应无生，妙尽无名，感物而动，假数而行。感物而非物，故物化而不灭；假数而非数，故数尽而不穷。有情则可以物感，有识则可以数求。数有精粗，故其性各异；智有明暗，故其照不同。推此而论，则知化以情感，神以化传。情为化之母，神为情之根。情有会物之道，神有冥移之功。但悟彻者反本，惑理者逐物耳。古之论道者，亦未有所同，请引而明之。庄子发玄音于《大宗》①曰：'大块②劳我以生，息我以死。'又'以生为人羁，死为反真。'此所谓知生为大患，以无生为反本者也。文子称黄帝之言曰：'形有靡而神不化，以不化乘化，其变无穷。'庄子亦云：'特犯人之形，而犹喜之。若人之形万化，而未始有极。'此所谓知生不尽于一化，方逐物而不反者也。二子之论，虽未究其实，亦尝傍宗而有闻焉。论者不寻无方生死之说，而惑聚散于一化，不思神道有妙物之灵，而谓精粗同尽，不亦悲乎！

"火木之喻，原自圣典，失其流统，故幽兴莫寻，微言遂沦于常教，令谈者资之以成疑。向使时无悟宗之匠，则不知有先觉之明，冥传之功，没世靡闻。何者？夫情数相感，其化无端，因缘密构，潜相传写，自非达观，孰识其变？自非达观，孰识其会？请为论者验之以实。火之传于薪，犹神之传于形；火之传异薪，犹神之传异形。前薪非后薪，则知指穷之术妙；前形非后形，则悟情数之感深。惑者见形朽于一生，便以为神情俱丧，犹睹火穷于一木，谓终期都尽耳。此由从养生之谈，非远寻其类者也。就如来论，假令神形俱化，始自天本，愚智资生，同禀所受。问所受者，为受之于形邪，为受之于神邪？若受之于形，凡在有形，皆化而为神矣；若受之于神，是以神传神，则丹朱③与帝尧齐圣，重华④与瞽叟⑤等灵，其可然乎？如其不可，固知冥缘之构，着于在昔，明暗之分，定于形初。虽灵均善运，犹不能变性之自然，况降兹已还乎？验之以理，则微言而有征；效之以事，可无惑于大道。"

注释

① **《大宗》**：即《庄子》一书中的《大宗师》篇。

② **大块**：即天地、自然。

③ **丹朱**：传说中尧之子，名朱，因居于丹水，故称丹朱。

④ **重华**：即虞舜。

⑤ **瞽叟**：传说中舜父之别名。

译文

问曰:"……凡物皆禀气而生,生尽则同归于无,神虽微妙,同是阴阳之所化。既生、死皆是阴阳之所化,聚则生,散则死。可见,形神俱是阴阳所化之表现,二者并没有根本的区别,精粗之气,始终同居于一宅。宅全则气聚而有灵,宅毁则气散而照灭。散则反本于自然,灭则复归于无物。生死聚散,皆自然之变化,并没有什么主宰者。如果形神本异,当生之时,也是异气所合的结果,异气既合,亦即同化,此时则神处于形中。犹如火之在于木头,正如有木其火则存,无木其火则灭一样,形离则神无所寄托,木朽则火灭无所寄托,这是理所当然的。……"

答道:"神到底是一种什么样的东西呢?它是一种极精而至灵的东西。因为它极精,因此不是形象所能表示的,即使有上上之智,也不能确定其相状,穷尽其幽微。所以圣人说它是一种能神妙万物、化生万物的东西。不少人以常识去看待神,因此对神产生了很多混乱的、不正确的看法。对于神,企图用言语去表述它是很困难的,但不用言语又很难说清楚它,只好于不可言说中,勉强做一些说明。神也者,它能神化万物而自己没有实体,能生化万物而自己没有名称。它能感物而动而自己又不是物，所以物有生死之变化而它却不会消亡；它能假名数而行而自己又非名数，故名数尽而它无有穷尽。有情之物，则可以由具体的事物去感受它；有识之物，则可以由名数去寻求之。而数有精粗之分，故其性各异；智慧有明暗，故其所照不尽相同。由此推论，则知物化由情所感，而神则须由化传。情是事物生化之基础，而神则是情之根据。情有会物之功用，而神则有冥移之功能。但是，彻悟者注重反求诸本，迷惑之人则追逐于具体的事物。古代的人谈论'道'，亦各有不同，今引用几种说法并略加说明。庄子在《大宗师》中阐发玄旨曰：'天地自然以劳作让我生，以休息让我死。'又说：'以生为人之羁绊，以死为反本归真。'此即所谓生为大患、无生为反真之名言也。文子曾引黄帝之言曰：'形体有靡而神不化，以不化乘化，其变无穷。'庄子亦说：'变化人之形，而人还感到很高兴。人之形千变万化而没有穷尽。'这就是所谓知生不停止于一化方，逐物消去而不会回头的。此二种说法虽然尚未究其实，但就其思想说即较接近于佛教的真理。那位发问者不从这些方生方死的论说中去寻求答案，却迷惑于聚于一化的观点，看不到神有妙物之特性，却认为神与形精粗同尽，真是太可悲啦！

"用火与薪米比喻神与形的关系，本来出自佛经，后来因失其传承，致使微言被世俗之说所引用，成为谈论形死而神灭的根据，而弄得一团疑惑。如果眼下无彻悟之宗匠，又不知佛典中早已语及，则神之有冥移之功，将为世人所不知。为什么这么说呢？情与数之相感，其变化无穷，因缘交互作用，神则在不知不觉中发生迁移，如果非是达观之人，谁能识其变化？如果非是达观之人，又有谁能知其转移、迁逝？不妨以具体事例说明之。火之传于薪，犹如神之传于形；火之从此薪传至彼薪，犹如神之从此形迁移至彼形。前薪非是后薪，则知'指''物'转化之微妙；前形非是后形，则悟情数相感之玄奥。那些迷惑之人，见人死之后，便以为神形俱丧，就像看见一根木头烧完之后，便以为火都燃尽了一样。如果真像这些人所说的，人之生者，来自自然之气禀，愚者智者同是禀受自然之气，而人死之后，则神形俱化，请问，人之禀受，是受之于形，还是受之于神？若是受之于形，凡是形体相同或相似的，则应愚智相同或相似；若是受之于神，则以神传神，父子应该愚智相近，亦即丹朱当与唐尧齐圣，虞舜应与瞽叟等愚，但是事实并非如此。人在生时，其形、神并不是一起禀受的，其死者，形神也不是同时俱灭，如丹朱和虞舜只是受形于唐尧和瞽叟，他们的神却另有所受。至于所受之神是善是恶、是智是愚，则是由因缘业报决定于前也的，如明暗之分是在形态初成时即已决定。虽天地善于运作，也不能改变自然的变化，何况令现在过去复还吗？只有如此去看待形神关系，才既符合历史事实，又合乎佛教的道理。"

8 立神明成佛义记（并沈绩序）

梁·萧衍

原典

夫神道冥默，宣尼①固已绝言；心数理妙，柱史②又所未说。非圣智不周，近情难用语远故也。是以先代玄儒，谈遗宿业，后世通辩，亦沦滞来身。非夫天下之极虑，何得而详焉？故惑者闻识神不断而全谓之常，闻心念不常而全谓之断。云断则迷其性常，云常则惑其用断。因用疑本，谓在本可灭；因本疑用，谓在用弗移。莫能精求，互起偏执，乃使天然觉性自没浮谈。圣王禀以玄符，御兹大宝，觉先天垂则，观民设化。将恐支离诡辩，构义横流，征叙繁丝，伊谁能振？释教遗文，其将丧矣！是以着斯雅论，以弘至典。绩早念身空，栖心内教，每餐法音，用忘寝疾，而暗情难晓，触理多疑，至于佛性大义，顿迷心路。既天诰远流，预同抚觌，万夜获开，千昏永曙，分除之疑，朗然俱澈。窃惟事与理亨，无物不识；用随道合，奚心不辨？故行云徘徊，犹感美音之和；游鱼踊跃，尚赏清丝之韵；况以入神之妙，发自天衷。此臣所以舞之蹈之，而不能自己者也。敢以肤受，谨为注释，岂伊锥管，用穷天奥，庶几固惑，所以释焉。

夫涉行本乎立信，信立由乎正解。解正则外邪莫扰，信立则内识无疑。然信解所依，其宗有在。何者？源神明以不断为精，精神必归妙果。妙果体极常住，精神③不免无常。无常者，前灭后生，刹那不住者也。若心用心攀缘，前识必异后者，斯则与境俱往，谁成佛乎？经云："心为正因，终成佛果。"又，"若无明④转，则变为明。"案此经意，理如可求。何者？夫心为用本，本一而用殊。殊用自有兴废，一本之性不移。一本者，即无明神明也。寻无明之称，非太虚之目、土石无情，岂无明之谓？故知识虑应明，体不免惑，惑虑不知，故曰无明。而无明体上，有生有灭。生灭是其异用，无明心义不改。将恐见其异用，便谓心随境灭，故继无明名下，加以住地之目。此显无明即是神明，神明性不迁也。

何以知然？如前心作无间重恶⑤，后识起非想妙善，善恶之理大殊，而前后相去甚迥。斯用果无一本，安得如此相续？是知前恶自灭，惑识不移，后善虽生，暗心莫改。故经言："若与烦恼诸结俱者，名为无明；若与一切善法俱者，名之为明。"岂非心识性一随缘异乎？故知生灭迁变，酬于往因，善恶交谢，生乎现境，而心为其本，未曾异矣。以其用本不断，故成佛之理皎然，随境迁谢，故生死可尽明矣。

注释

① **宣尼**：即孔子。

② **柱史**：即老子。

③ **精神**：精即精魂，古人认为，人死之后，魄同肉体一起消灭，而魂则离开肉体变成鬼；精魂即指不灭之灵魂。神即神明，指众生之心识。此处之精神指众生不灭之灵魂、不断之神识。

④ **无明**：佛教中乃烦恼之别称，亦即不明了事物之真实性状或指对真理愚昧无知。

⑤ **无间重恶**：无间乃梵名，间译作阿鼻。无间重恶，指作了会堕入无间地狱之恶业。

译文

（沈绩序）有关神明的道理十分玄奥深远，故孔子向来避而不谈；心性问题也极是玄妙莫测，故老子从来未曾语及。不谈论它并非智慧不足，盖因难以世俗之情智去谈论、理解玄远之义理。所以以往的贤哲、圣者，很少去谈论宿世之业，后世才学之士，也不能十分通晓死后之事。若非具有极高深智慧之人，怎么能够了达诸如神明及来世之事呢？所以有些人一听到佛教关于神识不断的义理，就认为佛教是主张常住而无变易，而另有些人一听到佛教关于心乃念念不住的，就认为佛教是主张神识也是断灭无常的。世俗之人，往往偏于一端，谈事物之断灭则不懂得其真性常住，谈真性常住则不了解其所体现的事物是变幻无常的。因为事物之变幻无常而怀疑其真性常住，认为真性也是有断灭的，因为真性之常住，则怀疑其所体现的事物之断灭，认为世间的事物也都是恒常不变的。为这种偏于一端的认识所迷惑，遂使众生之天然觉性为偏见邪说所埋没。圣王（指梁武帝）通达儒、释、道各家之奥旨及历代贤哲圣人之垂训，善于观民设化，因担心佛法大义及古圣垂训为世俗之谬论邪说所破坏，乃撰著此篇义理深湛之论文（即《立神明成佛义记》），以弘扬佛法之大义。我沈绩很早就潜心于佛教，领悟到世事无常、五蕴皆空，每次钻研佛法时，都为其深奥义理所陶醉而忘餐废寝，但对于其中的许多义理还是不十分理解。自读圣王此论后，群疑冰释,迷障顿消,真有如灯照暗室,一时俱明。举凡天下之事,只要通晓其事理,能从现象与本质相统一的角度去认识事物,则没有任何事物不能认识和把握的。《立神明成佛义记》此论,既义理深湛,剖析精微,又是当今圣上之力作,故我读之时竟也手舞足蹈而不能自已。因为自己对其中的许多思想尚不十分明了而又极想弄懂它,所以才根据自己的肤浅体会为之作注,并非企图以管窥天,妄加诠释。

(《义记》本文)人们的修行往往来自于信念,而正确的信念则多是出自正确的见解。有了坚定、正确的见解,各种谬论邪说也就不能迷惑于他。而信念确立之后,内心也就不会有各种疑惑了。然而,坚定的信念和正确的见解,都有其依据所在。依据什么呢?亦即佛教所说的不断之神明,那种今生来世前后相续不断的神明也就是人们所说的精魂,此相续不断的精魂最终必定能成就涅槃之妙果。涅槃本身是体极而常住的,但作为众生的精神则是迁变无常的。所谓迁变无常,亦即前灭后生、念念不住。如果心随境动,则前后之识各不相同,既无一湛然不移、常住不灭之神识,那何者去成佛呢?佛经上说:"心是成佛之正因,因有此正因,故最终必成佛果。"经上又说:"若无明转,则变成明。"根据经上所说的,可以知道,心乃是各种现象之根本,本只有一个，而现象千差万别。各种现象虽然自有兴废、但作为其根据的心识却是湛然不移的。此作为一切现象根据的湛然不移之心识，也称为无明神明。夫无明之称，并非指太虚、土石等无情物，这些无心识之无情物，不能称为无明。至于有心识之有情物，其本性本应明，但因外尘外境所染而生惑，故尔称为无明。心识乃是有情众生之体，而世间的众生乃是此体之用，各个有情体虽然有生有灭，但作为其本体的心识并不会随之而消亡。因为有些人看到各个有情体都是迁变无常的，便以为心识也随之迁变失灭，所以特对无明加以诠释，目的在于说明无明乃属于有心识之有情众生，此神识是不会随着现象的消失而消亡的。

怎么知道心识是不会随着现象、形体之消失而消亡呢？此如有人前心作无间重恶，后念起非想妙善，此善恶之理极是悬殊，前后相去也很遥远。如果其用果真没有一个共同的依据，怎么前后会如此相续呢？可见先前之恶念虽然消失了，但产生此恶念之心识并没有随之消亡，而后来虽然萌生善想，但其体仍是原先产生恶念之心识。所以佛经上说："心识为诸烦恼遮蔽者，名为无明；若心识与诸善法共在，则名为明。"这岂不是说心识是一个湛然不移、恒常不变之体，而此体又随着不同的条件表现为各种各样的现象？所以说世间万物包括有情众生形体是随着各种条件的变化而千变万化、迁流不息的，但作为有情众生之体的心识是从来未曾变易、失灭的。因为作为有情众生之体的心识不会消亡、断灭的，故众生都可以成佛的道理是不言自明的，因为心体之用是随境迁谢的，所以众生有生死轮回等变化。

9 宗炳居士答何承天难白黑论

刘宋·宗炳

原典

所送琳道人《白黑论》①辞清致美,但吾暗于照理,犹未远其意。

既云:"幽冥之理不尽于人事,周、孔疑而不辨,释氏辨而不实。"然则人事之表,幽暗之理,为取廓然唯空,为犹有神明邪?若廓然唯空,众圣庄、老,何故皆云有神?若有神明,复何以断其不实如佛言?今相与共在常人之域,料度近事,犹多差错,以陷患祸。及博奕粗艺,注意研之、或谓生更死,谓死实生。近事之中都未见有常得而无丧者,何以决断天地之外、亿劫之表,冥冥之中,必谓所辨不实邪?若推据事不容得实,则疑之可也,今人形至粗,人神实妙,以形从神,岂得齐终？心之所感，崩城陨霜、白虹贯日。太白人昂，气禁之医，心作水火，冷暖辄应，况今以至明之智，至精之志，专诚妙彻，感以受身，更生于七宝之土，何为不可实哉？

又云："析毫空树，无伤垂荫之茂；离材虚室，无损轮奂之美。具锦以繁采发华，和羹以盐梅致旨。以塞本无②之教，又不然矣。"佛经所谓本无者，非谓众缘和合者皆空也。垂荫轮奂处，物自可有耳，故谓之有谛；性本无矣，故谓之无谛。吾虽不悉佛理，谓此唱居然甚矣。自古千变万化之有，俄然皆已空矣。当其盛有之时，岂不常有也，必空之实，故俄而得以空邪。亦如惠子所谓："物方生方死，日方中方睨③。"死睨之实，恒预明于未生未中之前矣。愚者不睹其理，唯见其有，故齐侯摄爽鸠之余伪，而泣恋其乐。贤者心与理一，故颜子庶乎屡空，有若无，实若虚也。自颜已下，则各随深浅而味其虚矣。

又以舟壑④塘驷之论已盈耳于中国，非理之奥，故不举为教本。谓剖析此理，更由指掌之民（按，《宋书》卷九十七引慧琳《白黑论》"民"作"间"）。夫舟壑潜谢，佛经所谓见在不住矣，诚能明之，则物我常虚，岂非理之奥邪？盖悟之者寡，故不以为教本耳，支公所谓未与佛同也。何为以素闻于中国，而蔑其至言哉？又以效神光无经寸之明，验灵变无纤芥之实，徒称无量之寿，孰见期颐⑤之叟。诸若此类，皆谓于事不符。夫神光灵变及无量之寿，皆由诚信幽奇，故将生乎佛土，亲映光明，其寿无量耳。今没于邪见，慢诞灵化，理固天隔，当何由睹其事之符乎？夫心不贪欲，为十善⑥之本，故能俯绝地狱，仰生天堂，即亦服义蹈道，理端心者也。今内怀虔仰，故礼拜悔罪；达夫无常，故情无所吝。委妻子而为施，岂有邀于百倍？复何得乃云不由恭肃之意，不乘无吝之情乎？泥洹以无乐为乐，法身以无身为身。若本不希拟，亦可为增耽逸之虑，肇好奇之心；若诚餐仰，则耽逸稍除而获利于无利矣，又何关利竞之俗乎？

又云："道在无欲，而以有欲要之，俯仰之间，非利不动。"何诬佛之深哉！夫佛家大趣，自以八苦⑦皆由欲来，明言十二因缘⑧，使高妙之流朗神明于无生耳。欲此道者，可谓有欲于无欲矣。至于启导粗近，天堂地狱皆有影响之实，亦由于公以仁活招封，严氏以好杀致诛。畏诛而欲封者，必舍杀而修仁矣，厉妙行以希天堂，谨五戒以远地狱，虽有欲于可欲，实践日损之清涂，此亦西行而求郢，何患其不至哉！又嫌丹青眩媚采之目，土木夸好壮之心，成私树之权，结师党之势，要励精之誉，肆陵竞之志，固黑蝗之丑，或可谓作法于凉，其弊犹贪耳。何得乃慢佛云作法于贪邪？王莽窃六经以篡帝位，秦皇因朝觐而构阿房，宁可复罪先王之礼教哉？

又云："宜废显晦之迹，存其所要之旨。""示来生者，蔽亏于道释不得已。"请问其旨，为欲何要？必欲使修利迁善，以遂其性矣。夫圣无常心，就万物以为心耳。若身死神灭，是物之真性，但当即其必灭之性，与周、孔并力致教，使物无禀，则迁善之实，岂不纯乎？何诳以不灭，欺以佛理？使烧祝发肤，绝其胖合，所遏苗裔，数不可量。为害若是，以伤尽性之美，释氏何为其不得已乎？若不信之流，亦不肯修利而迁善矣。夫信者，则必耆域、犍陀勒、夷陀蜜、竺法乘、帛法祖、竺法护、于法兰、竺法行、于道邃阙公，则佛图澄、尸梨蜜、郭文举、释道安、支道林、远和尚之伦矣。神理风操似殊不在琳比丘之后，宁当妄有毁人理，落簪于不实人之化哉？皆灵奇之实，引绵邈之心，以成神通清真之业耳。

足下籍其不信，远送此论，且世之疑者咸亦妙之，故自力白，答以尘露众情。夫世之然否佛法，都是人兴丧所大，何得相与共处以可否之间？吾故罄其愚思，制《明佛论》[9]以自献所怀。始成，已令人书写，不及此信，晚更遣，信可闻，当付往也。宗炳白。

注释

①**《白黑论》**：又称《均善论》《均圣论》，南朝刘宋·释慧琳著。此论主要阐发儒、释、道三教的创始人都是圣人，儒、释、道三教都有其长处，可以并行不悖的思想。论中对佛教的"来生说"和"形尽而神不灭"的观点有所讥评，因而受到当时佛教界诸多批评。此书之末尾附录此论，以供参考。

②**本无**：原为玄学之术语，南北朝时佛教界常以"本无"解"空"，其中尤以"六家七宗"中的"本无宗"为甚。后来遭到僧肇的批评，认为以"本无"解"空"，偏离佛教"空"的本意。实际上，佛教所说的"空"，主要从"因缘无自性"立论。

③**睨**：偏斜之意。

④**舟壑**："舟"即船只，"壑"即深谷，本为藏舟于深谷之中，安全稳当之意，后转为指世事变化无常，如《陶渊明集·杂诗》曰："壑舟无须臾，引我不得住。"

⑤**期颐**：指百岁之人。百岁为人生之极限，故曰"期"；起居生活须人护理，故曰"颐"。

⑥**十善**：亦作"十善业道""十善道"等，与"十恶"相对，亦即不杀生、不偷盗、不邪淫、不妄语、不两舌、不恶口、不绮语、不贪欲、不嗔恚、不邪见。

⑦ **八苦**：指生苦、老苦、病苦、死苦、怨憎会苦、爱别离苦、求不得苦、五取蕴苦。

⑧ **十二因缘**：佛教基本教义之一，把人生看成是一个由"无明"至"老死"之念念不住、因缘生起的过程。

⑨ **《明佛论》**：宗炳的另一篇佛学论文，又称为《神不灭论》，主要阐发形死而神不灭的思想，认为此不灭之神识，乃常住之法身。

译文

所送来之《白黑论》文字优美，言辞精致，但我识见短浅，对义理没有多少精深的见解，所以对《白黑论》中所说的许多东西还不是十分理解。

《白黑论》中的白学先生说："来生报应等幽冥之事与世间人事相去甚远，故周、孔疑而不辨，而释氏则辨而不实。"然而，人事之外的事理，究竟是廓然唯空，抑或确实存在着神明？若廓然唯空，为什么周、孔众圣以及老、庄，都说有神？如果神明确实存在，为什么指责佛教所说的形尽而神不灭及来生报应之事是辨而不实？就拿人们日常生活中的事来说，这些事虽然都近在眼前，但人们在推测、判断时却常常发生错误，以致遭遇到各种意料不到的灾祸。再如行棋之类，往往有这样情形，粗看似活棋其实已死，乍看似死其后更生。对于身边的事的判断、推测尚且不能都看得十分精确，怎么就能断定释氏所说的有关天地之外、亿劫之表，冥冥之中的事理必定辨而不实呢？如果释氏所言确实海阔天空、不着边际，则疑之可矣，但人之形体至粗，而人之神却十分精妙，形之与神，怎么会一同消失呢？许多事实说明，人心之所感，甚至可以崩城陨霜、白虹贯日。此外，天象之与人事、人心之与各种自然现象，也都会遥相感应，何况作为至明、至精、专诚极妙之神明，为什么就不能感应以受身，并再生于佛之国土呢？

《白黑论》中的白学先生又说："佛教虽然把树木'空'掉了，但并不能改变其垂荫之茂；虽然把大厦'空'掉了，也丝毫不能减损它的雄伟壮观、美轮美奂。各种锦绣五光十色、光彩照人，各种食品甜酸苦辣、美味可口。怎么能说是一切皆空呢？"试图否定佛教之"本无之教"，实际上这是不能正确理解佛教"空"的理论所致。佛教所说的"本无"，并不是说众缘和合的假相也是一无所有，因此并没有否认大树之能垂荫、楼堂殿宇之美轮美奂，但这只是从世俗谛的角度看问题，故也称之为"假有"，但就其自性说，这些大树和楼堂殿宇都是众缘和合而成的，故并没有自性，因之又称之为"本无"。我虽然并不怎么精通佛教义理，但比起那位白学先生所说的，应该更接近于佛教的真理吧。自古以来，世间的事物所以千变万化，正是因为这些事物都是没有自性的。因此，所有的事物当其繁盛之时，历历在目，但不要多久，就都消失了。这有如惠施所说的："物方生方死，日方中方睨。"从另一个角度说，事物之死，日之偏斜，实存在于事物之未生、日头之未中之前。那些不明事理的人，看问题只是停留表面现象，只看到它存在的一面，而看不到它"空"的一面。但贤者圣人则不然，他们能够看到事物的本质，所以颜子庶乎屡空，有若无，实若虚也。

此外，《白黑论》中又说，佛教中所说世事无常，此有如沧海桑田之论，实早已盈于中国，并没有什么深奥的道理，所以儒家不以此为教化之根本。其实，所谓沧海桑田之变，佛教是从一切诸法都是念念不住的角度去理解它的，而所谓念念不住，则是物、我常虚，均无自性，难道可以说这种思想不精深吗？只是因为中土人士悟之者甚少，故不能以之为教本罢了，这也就是支道林所说与佛教不同的地方。怎么能说早已在中土流传，而大家不甚以之为然呢？《白黑论》又以佛教所说之"神光""灵变"没有事实可作为根据，亦无法验证，以及佛经中常称无量之寿却不见百岁之人为由，批驳佛教。其实，所谓"神光"、"灵变"及"无量寿"，皆因崇信佛教，故日后将生于佛土，亲映光明，其寿无量。如果没于邪见，执迷不悟，与佛本就无缘，又怎么能亲睹这些呢？《白黑论》又说："要天堂以就善，曷若服义而蹈道，惧地狱以救身，孰与从理而端心。"实际上，心不贪欲，乃十善之根本，自然可以免遭地狱之报，而生于天堂，此岂不就是"服义蹈道""以理端心"吗？至于《白黑论》所说的佛教"礼拜以求免罪，不由祗肃之意，施一以邀百倍，弗乘无吝之情"，更是一派胡言。今佛教徒因为内心虔诚崇信佛法，故能常礼拜以悔罪，怎么能说佛教徒之礼拜是不由祗肃之意呢？因为懂得诸法无常的道理，故不为情欲所滞。出家人连世俗最为注重的妻子、儿女都可以舍去，又如何能说信佛是为了"施一以邀百倍""不乘无吝之情"呢？《白黑论》又说："佛教赞美涅槃之乐，只会增长耽逸之虑，称赞法身之妙，是为了激起好奇之心。近欲还没有弃除，企望得远利的心又生起了。"此说更是毫无根据，佛教所说的涅槃乃以无乐为乐，而法身则以无身为身。如果事佛并非出于真心，而是出于某种不良的动机，这有可能变为增耽逸之虑、肇好奇之心，如果事佛是出于诚心，则耽逸之虑既不存在，且能在不是为了追求个人利益情况下获得大利益，这与利欲之竞又有什么关系呢？

《白黑论》又说："学道、入道最重要的是必须无欲，而佛教却以利欲引诱之，几乎凡事非利不动、见利必争。"这种说法更是荒唐之至！考佛教之思想主旨，一向认为人生诸苦皆由欲望而来，故倡十二因缘，使高洁之士都能注重精神的修炼而崇尚无生。向往此道之人，可以说多是有欲于无为乐而不执着于世欲之乐。至于佛教所说的因果报应，天堂地狱说并不是没有根据的，亦如于公以行仁义而得封，严氏则因好杀而致诛。如果人们畏惧诸如被诛杀之恶报，平日必定不敢滥杀无辜而修仁义，以种种善行以希望日后能往生天堂，谨守五戒以远地狱之报，虽然似乎也是有所追求，但在客观上却在日益减损其欲望，此实是欲去郢都而往西走，用不着担心走不到郢都。至于《白黑论》中对佛教各种妙好庄严之批评，对于佛教邀誉竞志等攻击，也是毫无道理，即便丑如黑蝗，仍无法改变其贪之本性，怎么能说佛教之喜妙好庄严是出于贪欲呢？再者，即使佛教中有某些不法之徒，借佛教以营私，难道就可以归罪于佛法吗？正如王莽之窃六经以篡帝位，秦皇因朝觐而建阿房，这些难道可以归罪于先王之教化吗？

　　《白黑论》又说："对于佛教应该去其迹而存其旨"，"至于来生报应说，则蔽亏于道释不得已。"请问，此中所说的佛教之旨趣是什么？实际上，佛教之旨趣，乃在于修利迁善，以顺遂其性。举凡大圣，均无常心，故就万物以为心。如果身死神灭是事物之真实本性，如此则应该即其必灭之性，与周、孔并力弘教，如此岂不纯粹些，怎么也不奢谈佛理，以欺惑世人呢？至于不相信佛教及其来生报应说的人，自然谈不上修利而迁善了。而既然信仰佛教，就应该像耆域、犍陀勒、夷陀蜜、竺法乘、帛法祖、竺法护、于法兰、竺法行、于道邃诸公那样，或者如佛图澄、尸梨蜜、郭文举、释道安、支道林、远和尚等高僧那样。这些高僧大德，其神理风操当不在慧琳之下，怎么舍高就下，附会不实之说呢？

  足下不信佛教及其来生报应说等，特送此《白黑论》给我，在当今世上，也有不少人颇赞赏《白黑论》，故聊陈管见以作答。人们之赞同或非毁佛法，其涉及的都是一些较重大的问题，不是一般地做肯定或否定的回答就可完事的，故不揣愚昧，撰著了《明佛论》，较详略陈述了自己的一些看法。该论刚刚写完，已令人誊抄，现在不能与此一并送去，待过些时候再行奉上。宗炳白。

10　喻道论
晋·孙绰

原典

或有疑至道者。喻之曰：夫六合遐邈，庶类殷充，千变万化，浑然无端，是以有方之识，各期所见。鳞介①之物，不达皋壤②之事；毛羽之族，不识流浪之势；自得于窅井③者，则怪游溟之量；翻翥④于数仞者，则疑冲天之力。缠束世教之内，肆观周、孔之迹，谓至德穷于尧、舜，微言尽乎《老》《易》，焉复睹夫方外之妙趣，寰中之玄照乎？悲夫！章甫⑤之委裸俗，韶夏之弃鄙俚，至真绝于漫习，大道废于曲士⑥也。若穷迷而不迁者，非辞喻之所感，试明其旨，庶乎有悟于其闻者焉。

夫佛也者，体道者也。道也者，导物者也；应感顺通，无为而无不为者也。无为，故虚寂自然；无不为，故神化万物。万物之求,卑高不同,故训致之术,或精或粗。悟上识则举其宗本;不顺者复殃,放酒者罗刑。淫为大罚,盗者抵罪,三辟⁷五刑⁸,犯则无赦,此王者之常制,宰牧之所司也。若圣王御世,百司明达,则向之罪人必见穷测,无逃形之地矣。使奸恶者不得容其私,则国无违民,而贤善之流必见旌⁹叙矣。且君明臣公,世清理治,犹能令善恶得所,曲直不滥,况神明所莅,无远近幽深,聪明正直,罚恶祐善者哉!故毫厘之功,锱铢之衅,报应之期,不可得而差矣!历观古今祸福之证,皆有由缘,载籍昭然,岂可掩哉?何者阴谋之门,子孙不昌;三世之将,道家明忌。斯非兵凶战危,积杀之所致邪?若夫魏颗从治,而致结草⑩之报;子都守信,而受骢骥之锡;齐襄委罪,故有坠车之祸;晋惠弃礼,故有弊韩之困,斯皆死者报生之验也。至于宣孟愍翳桑之饥,漂母哀淮阴之惫,并以一餐拯其悬馁,而赵蒙倒戈之祐,母荷千金之赏。斯一获万,报不逾世。故立德暗昧之中,而庆彰万物之上,阴行阳曜,自然之势。譬犹洒粒于土壤,而纳百倍之收。地谷无情于人,而自然之利至也。

或难曰:"报应之事诚皆有征,则周、孔之教何不去杀,而少正卯刑、二叔⑪伏诛邪?"答曰:"客可谓达声教而不体教情者也。谓圣人有杀心乎?"曰:"无也。"答曰:"子诚知其无心于杀,杀固百姓之心耳。夫时移世异,物有薄淳。结绳之前,陶然太和。暨于唐虞,礼法始兴。爰逮三代,刑网兹彰。刀斧虽严,而犹不惩,至于君臣相灭,父子相害,吞噬之甚,过于豺虎。圣人知人情之固于杀,不可一朝而息,故渐抑以求厥中。犹蝮蛇螫足,斩之以全身;痈疽附体,决之以救命。亡一以存十,亦轻重之所权。故刑依秋冬,所以顺时杀;春搜⑫夏苗⑬,所以简胎乳。三驱⑭之礼,禽来则韬弓,闻声睹生,肉至则不食,钓而不纲,弋不射宿,其于蜫虫每加隐恻。至于议狱缓死,眚灾肆赦,刑疑从轻,宁失有罪,流涕授钺,哀矜勿喜,生育之恩笃矣,仁爱之道尽矣!……"

或难曰:"周、孔适时而教,佛欲顿去之,将何以惩暴止奸,统理群生者哉?"答曰:"不然。周、孔即佛,佛即周、孔,盖外内名耳。故在皇为皇,在王为王。佛者梵语,晋训觉也。觉之为义,悟物之谓。犹孟轲以圣人为先觉,其旨一也。应世轨物,盖亦随时。周、孔救极蔽,佛教明其本耳。共为首尾,其致不殊,即如外圣有深浅之迹。尧、舜世夷,故二后⑮高让;汤、武时难,故两君挥戈。渊默之与赫斯,其迹则胡越。然其所以迹者,何尝有际哉?故逆寻者每见其二,顺通者无往不一。"

或难曰:"周、孔之教以孝为首,孝德之至,百行之本,本立道生,通于神明。故子之事亲,生则致其养,没则奉其祀。三千之责,莫大无后,体之父母,不敢夷毁,是以乐正伤足,终身含愧也。而沙门之道,委离所生,弃亲即疏,刈剔须发,残其天貌,生废色养,终绝血食。骨肉之亲,等之行路,背理伤情,莫此之甚。而云弘道敦仁,广济群生,斯何异斩刈根本而修枝干,而言不殒硕茂?未之闻见。皮之不存,毛将安附,此大乖于世教,子将何以祛之?"答曰:"此诚穷俗之所甚惑,倒见之为大谬,谘嗟而不能默已者也。夫父子一体,惟命同之。故母啮其指,儿心悬骇者,同气之感也,其同无间矣。故唯得其欢心,孝之尽也。父隆则子贵,子贵则父尊。故孝之为贵,贵能立身行道,永光厥亲。若匍匐怀袖,日御三牲,而不能令万物尊己,举世我赖,以之养亲,其荣近矣。夫缘督⑯以为经,守柔以为常,形名两绝,亲我交忘,养亲之道也。既已明其宗,且复为客言其次者。夫忠孝名不并立,颍叔违君,书称纯孝;石碏戮子,武节乃全。传曰:'子之能仕,父教之忠。策名委质,二乃辟也。'然则缨公朝者,子道废矣。何则?见危授命,誓不顾亲,皆名注史笔,事标教首,记注者岂复以不孝为罪?故谚曰:'求忠臣必于孝子之门。'明其虽小违于此,而大顺于彼矣。且鲧⑰放遐裔，禹不告退，若令委尧命以寻父，屈至公于私戚，斯一介之小善，非大者远者矣。周之泰伯⑱，远弃骨肉，托迹殊域，祝发文身，存亡不反，而论称至德，书着大贤，诚以其忽南面之尊，保冲虚之贵。三让之功远，而毁伤之过微也。故能大革夷俗，流风垂训。夷、齐⑲同饿首阳之上，不恤孤竹之胤，仲尼目之为仁贤，评当者宁复可言悖德乎？梁之高行，毁容守节，宋之伯姬，顺理忘生，并名冠烈妇，德范诸姬。秉二妇之伦，免愚悖之讥耳。率此以谈，在乎所守之轻重可知也。

"昔佛为太子，弃国学道，欲全形以遁，恐不免维萦，故释其须发，变其章服；既外示不及，内修简易，于是舍华殿而即旷林，解龙衮以衣鹿裘，遂垂条为宇，借草为茵，去栉梳之劳，息汤沐之烦，顿驰骛之辔，塞欲动之门。目遏玄黄⑳，耳绝淫声，口忘甘苦，意放休戚㉑，心去于累，胸中抱一㉒，载平营魄㉓，内思安般。一数二随，三止四观，五还六净，游志三四，出入十二门，禅定拱默，山停渊淡，神若寒灰，形犹枯木，端坐六年，道成号佛。三达㉔六通㉕，正觉无上，雅身丈六，金色焜耀，光遏日月，声协八风，相三十二，好姿八十，形伟群有，神足无方。于是游步三界之表，恣化无穷之境，回天儛地，飞山结流，存亡倏忽，神变绵邈，意之所指，无往不通，大范群邪，迁之正路，众魔小道，靡不遵服。于斯时也，天清地润，品物咸亨，蠢蠕之生，浸毓灵液，枯槁之类，改瘁为荣。还照本国，广敷法音，父王感悟，亦升道场。以此荣亲，何孝如之？……佛有十二部经，其四部专以劝孝为事，殷勤之旨可谓至矣。而俗人不详其源流，未涉其场肆，便瞽言妄说，辄生攻难。以萤烛之见，疑三光之盛；芸隙之滴，怪渊海之量。以诬罔为辨，以果敢为名，可谓狎大人而侮天命者也。"

注释

① **鳞介**：泛指有鳞和介甲之水生动物。

② **皋壤**：指泽房洼地。《庄子·知北游》曰：山林欤？皋壤欤？使我欣欣然而乐欤？

③ **窨井**：同"窨阱"，即洞窟陷井。

④ **翥**：飞举之意。《楚辞·远游》曰："鸾鸟轩翥而翔飞。"

⑤ **章甫**：殷时冠名，即缁布冠。

⑥ **曲士**：指寡闻陋见之人。《庄子·秋水》曰："曲士不可以语于道者，束于教也。"

⑦ **三辟**：指夏、商、周三代之刑法。

⑧ **五刑**：指五种不同的刑法。古代以墨、劓、剕、

宫、大辟为五刑。

⑨ 旌：表彰之意。

⑩ 结草：春秋时魏武子临终时命其子魏颗以妾殉葬。魏武子死后，魏颗不从父命而把其妾另嫁他人。后来，魏颗与秦力士杜回交战，见一老人结草使杜回倒地，终于被魏颗抓获。夜里魏颗梦见那个老人，那个老人对他说，他即是被嫁之妾的父亲。后来，多以"结草"喻报恩。

⑪ 二叔：指周武王的弟弟管叔与蔡叔。

⑫ 春搜：古代帝王春时的射猎。

⑬ 夏苗：夏季捕杀危害农作物的禽兽。《左传·隐公五年》曰："春搜、夏苗、秋狝、冬狩，皆于农隙以讲事也。"《广弘明集》卷五南朝沈约之《均圣论》曰："春搜免其怀孕，夏苗取其害谷。"

⑭ 三驱：《易》有"王用三驱，失前禽。"之语，意谓三面驱兽，让开一路，亦即网开一面，以示好生之德。

⑮ 二后：指周文王、周武王。《诗·周颂》曰："昊天有成命，二后受之。"

⑯ 缘督：顺守中道。《庄子·养生主》曰："缘督以为经，可以保身，可以全生，可以养亲，可以尽年。"

⑰ 鲧：我国古代传说中的部落首领，相传为禹之父，奉尧之命治水九年而无功，被舜杀死于羽山。一说

后被放逐。

⑱**泰伯**：周太王长子，有弟季历，季历有子昌（即周文王）。太王欲立季历，泰伯、仲雍奔避荆越，文身断发。

⑲**夷、齐**：即伯夷、叔齐。商孤竹君的两个儿子。相传其父遗命立次子叔齐为君，孤竹君死后，叔齐让位给伯夷，伯夷不受，叔齐也不愿登位，先后都逃到周国。武王伐纣时，两人都曾叩马谏阻。武王灭商后，他们都耻食周粟，逃到首阳山，采薇而食，后饿死于首阳山里。

⑳**玄黄**：原指黑色与黄色，后多以玄黄喻天地。《易·坤》曰："夫玄黄者，天地之杂也，天玄而地黄。"

㉑**休戚**：喜乐与忧虑。

㉒**抱一**：原为道家语。道家谓道生于一，故以精思固守为"抱一"。

㉓**营魄**：指精神、魂魄。《老子》曰："载营魄抱一，能无离乎？"

㉔**三达**：又称"三明""三证法"，即"宿命智证明""生死智证明""漏尽智证明"，指达于无学位，除尽愚暗，而于三事通达无碍。

㉕**六通**：即佛菩萨依定慧之力所示现之六种神通。神足通、天耳通、他心通、宿命通、天眼通、漏尽智证通。

译文

有些人对佛教持怀疑态度。这里拟借助比喻辩说一二,宇宙广袤无垠,世间森罗万象,且事物多千变万化、无有边际,但是人们的见解却常常局限于非常有限的范围内。例如那带有鳞甲之水生动物,对于洼壤之事一无所知;而那些毛羽之族,则更不晓得波浪之汹涌;井底之蛙,哪懂得江海之浩瀚;那些飞不到几尺高的虫鸟,则怀疑大鹏之能展翅千里之外。那些深受世俗礼教束缚之人,往往只懂得周、孔之教化,认为至德穷于尧舜,微言尽乎《老》《易》,哪知道方外之教的至妙义理?真是可悲啊!这有如把上好的服饰委之于裸俗之乡,把绝妙之礼乐置之于市井陋巷,所谓至真绝于污漫之习,大道废于陋见之人,诚其然也。对于那些执迷不悟之人,并不是通过几个譬喻就能使他们改变看法的,既然这样,不妨对于有关问题再略作阐述,以期使那些人能有所领悟。

所谓佛,亦即"体道"。而所谓"道",也就是能导于物者也;它应感顺通,无为而无不为。因其无为,故虚寂自然;因其无不为,故能神化万物。万物之所求,高低不同,所以,世间之教化,有精粗之分。对于那些有识之士,则举其宗本;对于那些不顺从教化者,则使他们受到惩罚。如对于那些犯贪、盗、淫之罪犯，国家有种种刑法加以惩处，由各级官吏执行之，此乃国之常制。在圣世时，百官公正、清廉，一切奸邪之辈都不能为所欲为，一切罪犯均逃脱不了受惩罚的下场，而那些贤善之流则必定受到表彰和嘉奖。既然在君明臣公之治世，善恶之人都会各得其所，何况神明神通广大，能洞烛幽微，其赏善罚恶自然更无所偏漏。所以即使毫厘之功、点滴之恶，也都会得到相对的报应。纵观古往今来之善恶报应，都有其缘由，很多事都载之史籍，言之凿凿，不由得人们不相信。在中国古代历史上，举凡阴谋之门，则其子孙不昌；而三世之将，则向来为道家所忌。这难道不是残杀太多所导致的果报吗？例如，魏颗把其父之妾改嫁，终致该女之父"结草"相报；子都守信，果受骢骥之锡；齐襄委罪，故有坠车之祸；晋惠弃礼，故有弊韩之困，这些都是死者报应生者之验也。至于宣孟怜愍翳桑之饥，漂母同情韩信之惫，前者遂有倒戈之佑，后者则有千金之赏。这些都是报不过世、以一获万之事例。所以举凡为善积德，迟早都会得到报应的。此犹如把种子播到地里，到头来终会获得百倍于前的收获。地与谷物都不是有意报答于人，播种必定会得到收获乃是自然而然的事。

有人诘难道："报应之事确实都是有根有据、无可置疑的，既然如此，周孔之设教为何不全然取消杀罚，遂使历史上有少正卯之被处罚、管蔡二叔之被诛杀？"我回答道："说这话的人真可谓只懂得礼教的表象而不懂得礼教之实质。周、孔之设教所以不全然废除杀罚，难道是因为圣人有杀人之心吗？"那人说："当然不是。"我接下去说道："既然你知道圣人并无杀人之心，可见杀心本是世俗之人固有的。世上万物都是在随着时代的变化而不断变化的。在远古时代，人们蒙昧无知，大家和睦相处，而没有什么礼教之类的东西。到了唐虞时代，才有礼教之设。降及三代，才逐渐有刑法。其时虽然严刑峻法，但以身试法者仍然很多，以致于出现了许多诸如君臣相杀、父子相害等事，其互相残害之甚，尤过于豺虎。圣人晓得世人好杀之情，不是一朝一夕所能改变的，所以其所设之教不全然弃除杀罚，乃是不得已的折中办法。此犹如当有人被毒蛇咬伤了脚后，宁可把脚砍去以保全性命；当身上长出毒疮时，也愿意把毒疮挖掉以使身体康健。诸如此类丢卒保车、舍小取大之行为，乃是在权衡轻重缓急后所做出的明智之举。所以古代之刑杀、狩猎等，多随顺时季，以尽可能保护生物。此外，更有网开一面、禽来藏弓、钓而不网、弋不射宿、君子远庖厨等传统，凡此都说明古代之礼教对即便像昆虫之类的生物亦多怀有恻隐之心；至于刑罚时尽量减少死罪，遇有天灾人祸则实行大赦，量罪尽可能从轻处罚，出外征战时对可能造成的生灵涂炭亦深表忧虑，凡此均表现出古代之圣贤都有一种仁爱之心，好生之德。……"

又有人诘难说："周、孔顺应时世而设教，现在佛教欲将周、孔礼教尽数废除，如此则何以惩暴止奸，统御群生？"答道："事情并非如此。实际上，周、孔与佛教并没有什么根本的区别，甚至可以说，周、孔即佛，佛即周、孔，差别仅仅是名称不同罢了。此有如'皇'之与'王'，名称不同，实际上并没有什么根本的差别。所谓'佛'者，本是梵语，意译为'觉'，亦即觉悟之人。所谓'觉'，也就是觉悟之意，此犹如孟子以圣人为先觉。佛教之应世接物，也多是随顺世情的。当然佛教与周、孔之教也有一些不同之处，比如周、孔之教注重于救世、治世，而佛教则注重明本，探性灵之真奥。佛教与周、孔之教实相为表里，其旨趣并没有根本的区别，即使有所不同，亦有如世俗之教本身也有深有浅，表现形式也因时势不同而各不相同。如尧、舜之世天下太平，故文、武二王相互谦让，而商武时世道危难，故二君之挥戈伐纣，此有如语之与默，表现形式虽然不同，但有时所表现的东西并没有什么实质的区别。佛教与周、孔之教的相互关系也是这样，从名称及表现形式上看，二者颇有差异，但从实质上去看，二者则有许多共同之处。"

或者还有人会诘难说："周、孔之教以孝为首，把孝视为百行之本，本立则道生，进而通于神明。所以子之事亲，双亲还活着时则尽心赡养，逝世之后则恭敬祭拜。另外，周、孔之教最重子嗣，故有'不孝有三，无后为大'一说，而作为父母精神与肉体之承继者，其身体发肤都受之于父母，故周、孔之教又有'身体发肤，受之父母，不敢毁伤'之说，所以儒门向来注重身体发肤之养护，以致乐正伤足，终身含愧，觉得对不起生他养他的父母。但是佛教提倡出家捐亲，剃除须发，残其天貌，生废色养，终生不食肉类。把骨肉之情，视同路人，违情背理，莫此为甚。与此同时，佛教又大谈什么弘道敦仁，广济群生，此何异于把树干砍断了而又说不损其枝叶？真是奇谈怪论，闻所未闻。俗话说：'皮之不存，毛将焉附？'佛门的这种做法实在大乖于世教，你又如何解释这一切呢？"答道："你的这些说法实在是被世俗之见所迷惑的缘故，完全颠倒了本末、是非，实在荒谬之至。考诸父子，其所谓同体，乃是自命上说是这样。所以母咬其指，儿子之心发痛，同气相感使然也。所以孝道之最根本的，乃是使父母高兴、欢心。在现实生活中，父隆则子贵，子贵则父尊。所以为孝之大者,当无外于光宗耀祖,如果儿子能立身行道,举世尊崇,则祖先、父母都能同沾其光,此才是真正的行孝道。如果父母在世时,只知道在其身边打转,父母逝世后,也只懂得用三牲供养、祭拜,而不能弘道济世,令世人景仰、尊崇,如此之孝道,实在是不值得称道的。实际上,养亲之道,贵在恒守中道,顺其自然,形名两绝,亲我俱忘,这才是最根本的。此外,人们还可以从孝与忠的相互关系去看待孝道。忠之与孝,在历史上常常有不能并立的情形,如颍叔达君,而史称纯孝;石碏杀死自己儿子,其武节才得以保全。史书上说:'儿子出去当官,为父的当教之以忠。但是如果儿子把全部的精力都倾注到公务上,那他就很难去尽儿子赡养父母的责任了。'又如,临危受命,全力以赴于救国难时艰,而置父母双亲于不顾,这好像是很不合符周、孔之孝道的,但这种人却往往名载史册、功炳千秋,人们也从来没有去责怪他们没有尽为子之孝道。所以古有谚语曰:'欲求忠臣,必于孝子之门。'这是明白了虽然忠孝难以两全,但应该从大处着眼的道理。又如历史上鲧被放逐之后,大禹并没有因此而不顾尧让他治水的委托,而四处去寻找父亲,如果是那样的话,就是一种因私戚而废公务、因小而失大的行为,当然也不会得到后人赞颂。还有,周代之泰伯,为了使季历能顺利继位,而与仲雍逃至荆越，文身断发，史上并没有因此而责怪他，反而都称他为至德、大贤。之所以这样，盖因其三让之功，远大于其毁伤之过也。泰伯后来既改革东夷之风俗，且使之流风千古。此外，殷商之伯夷、叔齐，饿死于首阳山，没有继承孤竹君之嗣胤，而孔子却称之为仁贤；梁之高行毁容守节，宋之伯姬顺理忘生，二人都被称为烈妇，也没有人认为她们愚昧悖德。照此看来，问题并不在于诸如祝发、文身、毁容忘生事情本身，而在于所为者何，若其所守者是更为重大、更值得称道之德行，则瑕不掩瑜，此中实有二者相比较，孰轻孰重、孰大孰小的问题。

"过去释迦牟尼为太子时，弃国学道，为了除却世俗之牵累，故弃除须发，变其章服；为了有利于自己身心的修行，他更舍去豪华之宫殿，而到山林旷野中去，脱去绫罗绸缎之类的服饰而穿粪扫衣，如此既可省却梳洗之劳，又可免去沐浴之烦。在修行期间，他目遏玄黄，耳绝淫声，口忘甘苦，意离烦忧，心去杂念，专心致志，一意修行，自数息到随行。从禅定到慧观，进而五还六净，使自己达到百念俱灭、无思无虑，神若寒灰、形如枯木的境界。如此修行了六年，最后才证成佛道，具三达智、六神通、炼就丈六真身，修成三十二相八十种好。其后游步三界，应化无方，神通自在，无往不通，人天共仰，外道遵服。其时天地万物、芸芸众生，全蒙泽润，后来，释迦牟尼的父亲也受到佛法的感化，而皈依佛门。像这样的弘道济众、耀祖光宗的行为，岂是世间所说的一般孝道所能比拟的？……佛有十二部经，其中专门弘扬孝道的就包含有个四部分，其对于孝道之注重由此而可见一斑。有些人看不到这些，而信口雌黄，对佛教妄加指责、肆意诋毁，以萤烛之见，而怀疑日月之光；以点滴之水，而怀疑江海之量。这种人真有如儒家所说的，是'狎大人而侮天命'也。"

11　正二教论
（有道士作夷夏论，故作此论正之）

南齐·明僧绍

原典

及闻殊论，锐言置家，有惧诬圣。将明其归，故先详正所证二经之句，庶可两悟幽津。

论称《道经》云："老子入关，之于天竺维卫国，国王夫人名曰清妙。老子因其昼寝，乘日之精，入清妙口中。后年四月八日夜半时，剖右腋而生。堕地即行七步，举手指天曰：'天上天下，唯我为尊。三界皆苦，何可乐者？'于是佛道兴焉。（事在《玄妙内篇》，此是汉中真典，非穿凿之书。）"正曰："道家之旨，其在老氏二经；敷玄之妙，备乎庄生七章。而得一尽灵①，无闻形变之奇；彭、殇均寿②，未睹无死之唱。故恬其天和③者，不务变常，安时处顺，夫何取长生？若乘日之精，入口剖腋,年事不符,托异合说,称非其有,诞议神化。秦、汉之妄,妖延魏、晋,言不经圣,何云真典乎?"

论称佛经云:"释迦成佛,已有尘劫之数。或为儒林之宗,国师道士。(此皆《成实》正经,非方便之说也。)"正曰:"佛经之宗,根明极教,而三世无得俗证,觉道非可事显。然精深所会,定慧有征于内;缘感所应,因果无妄于外。夫释迦发穷源之真唱,以明神道之所通也。故其练精研照,非养正之功,微善阶极异殆庶。自崖道济在忘形,而所贵非全生,生生不贵,存存何功?忘功而功着,寂灭而道常。出乎无始,入乎无终,靡应非身,尘劫非遐,此其所以为教也。"

论曰:"二经之旨,若合符契。"正曰:"夫佛开三世,故圆应无穷;老止生形,则教极浇淳。所以在形之教,不议殊生;圆应之化,爰尽物类。是周、孔、老、庄,诚帝王之师,而非前说之证。既关塞异教,又违符合之验矣。"

论曰:"道则佛也,佛则道也。"正曰:"既教有方圆,岂睹其同?夫由佛者固可以权老,学老者安取同佛?苟挟竞慕高,撰会杂妄,欲因其同,树邪去正,是乃学非其学,自漏道蠹,祇多不量,见耻守器矣。"

论曰:"泥洹④仙化⑤,各是一术。佛号正真,道称正一。一归无死,真会无生。"正曰:"侯王得一而天下贞，莫议仙化；死而不亡者寿，不论无死。臆说诬滥，辞非而泽，大道既隐，小成互起，诚哉是言！其诸诬诡谤慢，欲以苟济其违，求之圣言，固不容讥矣。今之道家所教，唯以长生为宗，不死为主。其练映金丹、餐霞饵玉、灵升羽蜕、尸解形化，是其托术，验（按《全齐文》云："验"下脱一"之"）而竟无睹其然也。又称其不登仙，死则为鬼，或召补天曹⑥，随其本福。虽大乖老、庄立言本理，然犹可无违世教。损欲趣善，乘化任往，忘生生存存之旨，实理归于妄，而未为乱常也。至若张、葛之徒，又皆离以神变化俗，怪诞惑世，符咒章劾，咸托老君所传，而随稍增广，遂复远引佛教，证成其伪。立言舛杂，师学无依，考之典义，不然可知。将令真妄浑流，希悟者永惑，莫之能辩，诬乱已甚矣。

"客既悉于佛、老之正，犹未值其津，今将更粗言其隅，而使自反焉。夫理照研心，二教两得，乃可动静兼尽，所遇斯乘也。老子之教，盖修身治国，绝弃贵尚，事止其分。虚无为本，柔弱为用，内视反听，深根宁极，浑思天元，恬高人世，浩气养和，失得无变。穷不谋通，致命而俟⑦，达不谋己，以公为度。此学者之所以询仰余流，而其道若存者也。安取乎神化无方，济世不死哉？"

注释

① **得一尽灵**：老子语，"一"者物之始，"得一"，纯正之意，《老子》曰："天得一以清，地得一以宁，……侯王得一以为天下正。"

② **彭、殇均寿**：庄子的思想。庄子在《齐物论》中阐发一种万物齐一、寿夭无二的思想。"彭"即彭祖，传说活了八百岁，"殇"指未成年而死。《仪礼·丧服传》曰："年十九至十六为长殇，十五至十二为中殇，十一至八岁为下殇，不满八岁以下，皆为无服之殇。"

③ **天和**：自然祥和之气。《庄子·知北游》曰："若正汝形，一汝视，天和将至。"

④ **泥洹**：即涅槃，佛教的最高境界。

⑤ **仙化**：即道教服饵长生、羽化登仙之学说。

⑥ **天曹**：道教所说的天上的神官。

⑦ **俟**：等待之意。

译文

听说某道士（即南齐之顾欢）作一《夷夏论》，尽是奇谈怪论，且自以为得意，实有诬于圣人。将欲明其旨归，故先考查其所引证的经句，也许对于人们了解该论有所助益。

《夷夏论》称《道德经》有这样的记载："老子入关后，去到了印度的维卫国，该国国王的夫人名曰清妙。有一次老子白天入觉，其神乘日之精，入于清妙夫人的口中。两年后的四月八日夜半时分，剖右腋生下一子。此子刚一落地就能步行七步，并且以举手指天，说：'天上天下，唯我独尊。三界皆苦，何可乐者？'自此之后，佛教才逐渐盛兴起来。（此事记载于《玄妙内篇》中，属汉代的真典，非穿凿之书。）"正曰："道家的思想旨趣，尽在老子的《道德经》中；敷陈玄妙之旨，则当推《庄子》七篇。此二本道家的经典，主要倡得一尽灵，从未听说有形变之谈；主寿、夭齐一，也不曾有无死之说。所以老、庄均主张凡事顺其自然，不求常变，提倡安时处顺，也无求长生之说。若照《夷夏论》中所说，老子乘日之精而入于清妙夫人的口中，后剖腋而得子，此非但年代不符，且是一种怪诞之论。以秦汉时之妄说，而延及魏晋，并非出自圣人之笔，又怎能称得上'真典'呢？"

《夷夏论》又称佛经曾说："释迦成佛以来，已经历了很长的年代。其间，或化现为儒林之宗，或化现为国师、道士（此皆载于《成实论》中确切的记录，非随便妄说。）"正曰："佛教之经典，都在探性灵之真奥，明万物之究竟，这些都是世俗无法验证的，也不能以俗事加以显示。精微之所致，定慧有征于内；业缘所感，因果无妄于外。释迦佛揭示诸法实相之真唱，以明神道之所通。故其修炼、观照，与道教养正之功不同，倡微善而均有助于证道，与儒家所说的'殆庶'也迥然有异。其道重在忘形，而非强调全生，形体既然不是佛教之所注重的，那么存生之说对它来说又何功之有呢？不执着于具体的事相并不妨碍事物的存在，诸法虽然生灭无常，但不妨碍其道湛然常住。其出无始而入无终，无应非身而旷劫无远，这些都是佛教基本思想。"

《夷夏论》又说："以上所引之《道德经》与佛经中所说的，其思想旨趣若合符契。"正曰："佛教明三世因果，故圆应无穷；道教只局限于一生之形体，其教极是肤浅。因只局限于形体，故对于一生之外的事论而不议；佛教圆应无穷，故能穷尽一切物类。至于周、孔、庄、老，也许曾经是帝王之师，但不是立论之依据。二教如此迥异，又如何谈得上若合符契呢？"

《夷夏论》又说："道教即佛，佛教即道，二者没有什么区别。"正曰："既是二教，怎能没有区别？佛教固然可以包容道教，但学老庄之学者怎么可与学佛者相比呢？攀龙附凤，鱼目混珠，其结果只会学非所学，树邪去正。"……

《夷夏论》又说："佛教的泥洹和道教的仙化，各是一术。佛号正真，道称正一。'一'则归于无死，'真'则归于无生。"正曰："老子《道德经》曰：'侯王得一而天下贞。'并没有谈到羽化登仙；以'死而不亡'论'寿'，也不曾主张无死。所谓仙化、无死之类的说法，完全是后来的道士们的臆说诬滥，并非圣人之意。当今之道教徒，只以长生为宗，无死为主。所谓烧炼金丹、服饵养生、羽化登仙、尸解形化之类，都是一种邪门道术，从来不可能应验。道教徒又说，如果不登仙，则死后将根据各人的善恶业或投胎为鬼，或者被召去当天上的神官。这种说法虽然与老庄立言之理相违背，但还不至于违背世俗的教化。因放弃长生不死的主张而以善恶报应说来劝人损欲向善，虽然不见得有多少义理，但至少还有其合理成份。至于张陵、葛洪之流，则多以符水、咒术，怪诞惑世，且都托之于老子，并随意把一些老子本来没有的思想增添进去，又滥引佛教经典，以为其伪说作论证。立言舛杂且无师承，考之经典，则可知其荒诞不经。《夷夏论》的这些观点把真妄混为一谈，必将使有心求道者难以辨别真伪，永陷惑流，害莫大焉。

"《夷夏论》的作者虽言'佛号正真，道号正一'，但并不真正懂得二者的思想意蕴，今不揣愚陋，略陈一二，以使他能有所启发。考老子之思想旨趣，乃在于清净弃欲、修身治国。而其理论特点则是以虚无为本，以柔弱为用，注重内视反听，强调心神宁静，崇尚自然，恬淡寡欲，浩然养气，得失不关心。穷不竭力追求发达，而能顺其自然安之若命，达不谋求一己之私，而能待之以公心。这些都是历代学者所以推崇老子学说而使其学不衰的原因所在。怎么会是后来道教徒所说的神通变化、长生不老呢？"

12　与顾道士书（折夷夏论）

刘宋·谢镇之

原典

谢镇之白：敬览《夷夏》之论，辩摧①一源，详据二典，清辞斐昈，宫商有体，玄致亹亹②，其可味乎！吾不涯管昧，竭窥幽宗，苦不思探赜，无阶豪襘。但镜复逾三，未消鄙惑，聊述所疑，庶闻后释。

论始云："佛是老子，老子是佛。"又以（按，"以"原作"似"，据《全宋文》说改）仙化比泥洹，长生等无死，爰引世训，以符玄教。纂其辞例，盖似均也，末讥翦华废祀，亦犹虫諠鸟聒，非所宜效。请试论之。案周、孔以儒墨为典，老、庄以弃教明筌，此皆开渐游方，未犹洪祐也。且虫鸟殊类，化道本隔，夫欲言之，宜先究其由。故人参二仪，是谓三才③。三才所统，岂分夷、夏？则知人必人类，兽必兽群。近而征之，七珍，人之所爱，故华、夷同贵；恭敬，人之所厚，故九服④攸敦。是以关雎⑤之风，行乎四国。况大化所陶，而不洽三千哉？若据经而言，盖闻佛之兴世也，古昔一法，万界同轨。释迦文初修菩萨时，广化群生，于成佛而有其土，预沾慈泽，皆来生我国，我阎浮提也。但久迷生死，随染俗流，暂失正路，未悟前觉耳。以圣人俯三达⑥之智，各观其根，知区品不同，故说三乘而接之。原夫真道唯一，法亦不二，今权说有三，殊引而同归。故游会说法，悟者如沙尘，拯沉济惑，无出此法。是以当来过去，无边世界，共斯一揆，则知九十有五，非其流也明矣。彼乃始言其同，而末言其异，故知始之所同者非同，末之所异者非异。将非谬击瓦釜，滥谐黄钟邪？岂不诬哉？至如全形守祀，戴冕垂绅，披毡绕贝，埋尘焚火，正始之音⑦，娄罗之韵⑧，此俗礼之小异耳。今见在鸟而鸟鸣，在兽而兽响⑨，允执万之一音，感异类而殊应，便使夷、夏隔化，一何混哉？舟枯车溺，可以譬彼。夫俗礼者，出乎忠信之薄，非道之淳。修淳道者，务在反俗，俗既可反，道则可淳。反俗之难，故宜祛其甚泰。祛其甚泰，必先堕冠削发，方衣去食。堕冠无世饰之费，削发则无笄栉之烦，方衣则不假工于裁制，去食则绝情想于嗜味。此则为道者日损，岂夷俗之所制？及其敷文奥籍，三藏⑩四含⑪，此则为学者日益，岂华风之能造？

又云："佛经繁显，道经简幽。"推此而言，是则幽者钻仰难希，显则涉求易望；简必不足以示理，繁则趣会而多津。佛法以有形为空幻，故忘身以济众；道法以吾我为真实，故服食以养生。且生而可养，则及日可与千松比霜，朝菌⑫可与万桩⑬齐雪邪？必不可也。若深体三界为长夜之宅，有生为大梦之主，则思觉悟之道，何贵于形骸？假使形之可练，生而不死，此则老宗本异，非佛理所同。何以言之？夫神之寓形，犹于逆旅，苟趣舍有宜，何恋恋于檐宇哉？夫有知之知，可形之形，非圣之体。虽复尧、孔之生，寿不盈百。大圣泥洹，同于知命，是以永劫已来，澄练神明。神明既澄，照绝有无，名超四句，此则正真终始不易之道也。又，刻船者祈心于金质，守株者期情于羽化，故封有而行六度，凝滞而茹灵芝。有封虽乖六度之体，为之或能济物。凝滞必不羽化，即事何足兼人？寻二源稍迹，旷局异怀，居然优劣。如斯之流，非可具诘，彼皆自我之近情，非通方之宏识，则知殊俗可以道甄。哀哉！玄圣既邈，斐然竞兴，可谓指虫迹为苍文，饵螯乳为醍醐，良可哀也！佛道汪洋，智量不可以言穷，应迹难以形测。其辩有也，则万相森陈，若千峙并立；其析无也，则泰山空尽，与秋毫俱散。运十力⑭以摧魔，弘四等⑮以济俗，抗般若之法炬，何幽而不烛？潜三昧之法威，何远而不伏？宁疑夷、夏不效哉？

注释

① 榷：通"権"，校正义，如商榷。

② 亶亶：行进貌，如左思《吴都赋》："清流亶亶"。

③ 三才：指天、地、人。《易·说卦》："是以立天之道，曰阴与阳；立地之道，曰柔与刚；立人之道，曰仁与义。兼三才而两之，故《易》六画而成卦。"

④ 九服：古代把天子所居住的京城以外的地区，按远近分为九等，侯服、甸服、男服、采服、卫服、蛮服、夷服、镇服、藩服，称九服。

⑤ 关雎：原是《诗经》中的篇名。此指教化。《诗·周南·关雎疏》曰："关雎者，《诗》篇之名。即以关雎为首，遂以关雎为一卷之首。"

⑥ 三达：亦称三明、三证法。即宿命智证明、生死智证明、漏尽智证明，指通过修行达到无学位，除尽愚暗，而于三事通达无碍之智明。

⑦ 正始之音："正始"，三国魏齐王年号。魏晋时期，崇尚玄学，后人称当时的风尚言论为正始之音。

⑧ 娄罗之韵：又作偻罗、喽罗、楼罗等。形容语音含混嘈杂，有轻视之意。

⑨ 呴：通吼、吼叫。

⑩ 三藏：即经、律、论三藏，指佛教典籍。

⑪ 四含：即《长》《中》《杂》《增一》四阿含经。

⑫ 朝菌：菌类植物，朝生暮死，借喻生命极短。《庄子·逍遥游》曰："朝菌不知晦朔。"

⑬ 万椿："椿"指长寿之树木。《庄子·逍遥游》曰："上古有大椿者，以八千岁为春，八千岁为秋。""万椿"指长寿。

⑭ 十力：指如来之十种智力。

⑮ 四等：指慈、悲、喜、舍四无量心。

译文

敬览《夷夏论》，先生在论中同时引证《老子》和佛经，以证明二教一源，大作文采飞扬，玄旨幽深。我才疏学浅，对论中所说多有困惑不解之处。现先陈述我之所疑，请望先生不吝赐释。

论中说："佛是老子，老子是佛。"又以道教的仙化比佛教的泥洹，以道教的长生等同于佛教的无死，引用世俗之教，以证明它与佛教遥相符契。论文末尾还讥毁佛教破坏华夏礼仪、习俗，不宜为中土人士效法，真有如虫喧鸟聒。依我看来，这些说法都是貌似是而实非。为什么这么说呢？考周、孔设教以经典为依据，老、庄则主张弃教明筌，这二种学说都是世俗之教，侧重于人的身心修养，未触及来世报应等事。且世间的事物，各各殊别，虫与鸟各是一类，佛教与道教的教化也互不相同，如果想较详细加以探究，则须首先探讨其各教之所由来。中国古代有一说法，人与天地合，是谓"三才"。"三才"所统，岂有华夏与夷狄之分？由此可知，人属于人类，兽属于兽类。再具体点说，世间的珍宝，皆是人之所爱，所以，作为珍宝，不论在华夏，抑或在印度，都是十分宝贵的；恭敬有礼，是人类所共同提倡的，所以天下之人都重视教化，文明之风，四海盛行。怎么会是圣人的教化而不普泽天下呢？如果就经而言，我所知道的佛陀的教化，古今一法，万界同轨。释迦牟尼初修菩萨行时，则力主广化群生，成佛之后，则普润国土，且泽及华夏。只是由于世间的人沉迷于生死，在俗流中四处飘游而迷失正路，未能觉悟罢了。佛陀以三达之智，根据各种对象的不同根机，而方便说三乘而接引之。但是，究竟而论，佛法并没有二种，所以说有三乘，只是随机之方便说，其目的都是一样，都是接引众生达到解脱彼岸。所以佛陀的许多具体说法，使亿万信徒得到证悟，能拯救芸芸众生脱离此生死苦海，实在只有此无上大法。可见，自古至今，无边世界，唯有佛法才是真道，那些所谓三教九流、九十六外道，与佛教都是不可同日而语的。你在《夷夏论》中，开头说二教之同，末尾谈二教之异，实际上你所说的二教之相同处，并非二教之真正的共同点，而所说的二教之相异处，亦非真正的相异点。如果只从论中所说的相同处去谈论二者之同，则未能真正懂得知道二者之所同，相反，如果仅仅从论中所说的二教之相异处去谈论二者之相异，则亦未能真正懂得二者相异之实质。既然不能真正懂得二者之异同，而又在那里奢谈"佛是老子""老子是佛"，岂不是除了胡吹瞎扯外，又有诬圣之嫌吗？至于道教之全生祭祀、戴冕垂绅等，乃至魏晋时期的老庄玄学，与世俗之礼教其实没有多大差别。《夷夏论》的作者也许因为看到，鸟类有鸟类之鸣唱方式，兽类有兽类的吼叫方式，以不同类的生物有不同的特性，便以为华夏之与印度也有不同的教化，这种看法实在是浅陋得无以复加。人们知道，世俗之礼教，本来是世风日降、道德日坏的产物，而不是正道高扬的反映。人们之欲修正道，最重要的就在于反俗，俗之可反而道则可淳。反俗之难，主要在于世俗之牵累太多。要去掉牵累，首先就得弃冠削发，简化衣食。不用冠冕，就免去了头饰之费用，削发之后也就省去簪缨之麻烦，简化衣食，则省去了衣裳之虑和酒肉之欲。此也就是古人所言"为道者日损"，怎么是印度之习俗呢？至于佛教之博大精深的三藏十二部经，则是为学者日益，岂是华夏人士所能编纂得出来的？

又，《夷夏论》又说："佛经繁显，道经简幽。"按照这种说法，则幽微者虽然苦加钻研也难得，而显者则只要有心追求便可达；简者因其太简单而难以说透道理，而繁者则可以有很多途径可以达到最后目标。佛法以有形为空幻，所以能忘身以济众；道教则以吾我为真实，故主张服食以长生。如果人可以通过吞丹、服食以求长生不死，则世间也不存在什么长寿与短命之差别了。如果能像佛教那样认识到三界乃是人生之苦海，生命有如一场虚幻的大梦，则能注重寻求觉悟，而不会再去看重形骸。至于说人之形体可以通过炼养而达到长生不死，这种思想与老子的学说也不尽相同，更谈不上与佛理相同。为什么这么说呢？神之寓于人的形体，有如人住在客舍之中，只要有合适的房舍，又何必去眷恋檐宇呢？实际上，有知之知，可形之形，都不是圣人之体。即使像尧、孔那样的人，寿命也没有超过百岁。真正圣人之证涅槃，在某种意义上说，有如世俗所说的"知命"，所以自永劫以来，注重精神之修炼。当精神修炼得澄明后，则能洞照有无，名超四句，这才是真正的始终不易之道。又，如果欲求羽化登仙而节制情欲或服食仙草，则前者虽然与佛教所说的六度有着本质的区别，但客观上还有济物之功，而后者则更毫无益处可言。对照佛道二教的思想，其孰优孰劣是一目了然的。而考查《夷夏论》的观点，多为世俗之论，而非通方之识，由此可知，是否超凡出俗乃是检验是否正道的重要标志之一。由于离圣人的时代已经很远了，各种外道邪说纷纷竞起，乃至指虫迹为文字，视毒汁为醍醐，确是可悲啊！佛法广大，非智量之可穷究，随缘应迹则难以形相窥测。其辩有也，则万象森罗，如千峰并立；其析无也，则泰山空尽，秋毫俱散。运如来的十种智力以摧魔，弘慈悲喜舍之四无量心以济众。举般若之法炬，无幽而不照。扬三昧之法威，无远而不伏。岂可疑佛法之能遍布天下？

13　难顾道士夷夏论（并书）

朱昭之

原典

见足下高谈夷、夏，辨商二教，条勒经旨，冥然玄会，妙唱善同，非虚言也。昔应吉甫齐孔、老于前，吾贤又均李、释于后，万世之殊涂，同归于一朝，历代之疑争，怡然于今日。赏深悟远，蠲慰者多，益世之谈，莫过于此。至于各言所好，便复肝胆楚越，不知苦甘之方虽二，而成体之性必一。乃互相攻击，异端遂起，往反纷类（按，《全宋文》云："类"当作"频"），斯害不少。惜矣！……情旗一接，所释不浅。朱昭之白。

夫圣道虚寂，故能圆应无方。以其无方之应，故应无不适。所以自圣而检心，本无名于万会，物自会而为称，则名号以为之彰。是以智无不周者，则谓之为正觉；通无不顺者，则谓之为圣人；开物成务，无不达也，则谓之为道。然则圣不过觉，觉不出道。君可知也，何须远求哉？但华、夷殊俗，情好不同，圣动常因，故设教或异。然"曲礼""净戒"，数同三百，威仪容止，又等三千。所可为异，政在道佛之名，形服之间耳。达者尚复以形骸为逆旅①，衮冕岂足论哉？所可为嫌，秖在设教之始，华、夷异用，当今之俗，而更兼治，迁流变革，一条宜辨耳。今当之言（按《全宋文》云："之言"当作"言之"）圣人之训，动必因顺。东国贵华，则为衮冕之服、礼乐之容，屈伸俯仰之节，衣冠簪佩之饰，以弘其道，盖引而近之也。夷俗重素，故教以极质，髡落徽容，衣裳弗裁，闭情开照，期神旷劫，以长其心，推而远之也。道法则采饵芝英，餐霞服丹，呼吸太一，吐故纳新。大则灵飞羽化，小则轻强无疾，以存其身，即而效之也。三者皆应之一用，非吾所谓至也。夫道之极者，非华非素，不即不殊，无近无远，谁舍谁居，不偏不党，勿毁勿誉，圆通寂寞，假字曰无，妙境如此，何所异哉！但自皇、羲已来，各弘其方，师师相传，不相关涉，良由彼此两足，无复我外之求。故自汉代已来，淳风转浇②，仁义渐废，大道之科莫传，五经之学弥寡。大义既乖，微言又绝，众妙之门莫游，中庸之义弗睹。礼术既坏，雅乐又崩，风俗寖顿，君臣无章。正教凌迟③，人伦失序，于是圣道弥纶④，天运远被，玄化东流，以慈系世。仁众生民，黩所先习，欣所新闻，革面从和，精义复兴。……夫圣人之抚百姓，亦犹慈母之育婴儿。始食则饵以甘肥，甘肥既厌，复改以脂蜜，脂蜜既厌，则五体休和，内外平豫，为益至矣。不其然乎？理既然矣，而横厝非贬，妄相分别，是未悟环中⑤，不可与议。……

足下发源开端，明孔、老是佛，结章就议，则兴夺相悬。何揩绅⑥擎跽⑦为诸华之容，稽首佛足则有狐蹲之贬？端委⑧磬折⑨为侯甸之恭，右膝着地增狗踞之辱？请问，若孔是正觉，释为邪见，今日之谈，吾不容闻。许为正真，何理鄙诮？既亏畏圣之箴，又忘无苟之礼。取之吾心，所恨一也。

又云："全形守祀，继善之教，毁貌易性，绝恶之学。"是商臣之子有继善之功，覆障毁落有绝恶之志，推寻名实，为恨二也。

又云："下弃妻孥，上废宗祀。"夫鬼神之理，溟漠难明，故子路有问，宣尼弗释。当由生死之道殊，神缘难测，岂为圣不能言？良恐贤不能得。三达⑩之鉴，照之有在。足下已许神化东流，而复以丧祭相乘，与夺无定，为恨三也。

又云："切法可以进谦弱，赊法可以退夸强。"三复此谈，颠倒不类。夫谦弱易回，可以赊和而进；夸强难化，应以苦切乃退。隐心检事，不其然乎？米糠在目，则东西易位；偏着分心，则辞义舛惑。所言乖当，为恨四也。

又云："抑则明者独进，引则昧者竞前。"夫道言真实，敬同高唱，覆载万物，养育众形，而云明者独进，似若自私。佛音一震，则四等兼罗，三乘同顺，天龙俱靡，而云昧者竞前，亦又近诬探赜之谈，而妄生疮疣。游辞放发，为恨五也。

又云："佛是破恶之方，道是兴善之术。"破恶之方，吾无间然。夫恶止善行，乃法教所以兴也。但未知兴善之术，术将谁然？若善者已善，奚用兴善？善者非善，又非兴善。则兴善之名，义无所托。今道者善也，复以兴善，取之名义，太为继富，不以振恶，为教褊矣。大道兼弘，而欲局之，为恨六也。

又云："残忍刚愎，则师佛为长；慈柔虚受，则服道为至。"夫摧伏勇猛，回靡残暴，实是牟尼之巨勋，不乖于慧旨。但道力刚明，化功弥远；成性存存，恩无不被；枭鸩革心，威无不制，而云唯得虚受，太为浅略。将无意沦偏着，不悟狭劣伤道邪？披寻第目，则先诫臆说；建言肆论，则不觉情迁。分石难持，为恨七也。

又云："八象、西域诸典，广略兼陈，《金刚》《般若》，文不逾千。"四句所弘，道周万法。粗妙两施，繁约共有，典法细诫，科礼等碎。精粗横生，言乖乎实，为恨八也。

又云："以国而观，则夷虐夏温。"请问：炮烙之苦，岂康、竺之刑？流血之悲，讵齐、晋之子？剞剔之苦害，非左衽⑪之心，秋露含垢，匪海滨之士。推检性情，华、夷一揆。虚设温严，为恨九也。

又云："博弈贤于慢游，讲诵胜于戏谑。"寻夫风流所以得传，经籍所以不废，良由讲诵以得通，谘求以成悟。故曰："学而不讲，是吾忧也。"而方之戏谑，太为慢德。请问善诱之筌，其将安寄？初未得意，而欲忘言，为恨十也。

有此十恨，不能自释，想望君子更为伸之，谢生亦有参差。足下攻之已密，且专所请，不复代匠。

注释

① **逆旅**：指客舍，迎止宾客之处。

② **浇**：薄之意。

③ **凌迟**：衰落之意。

④ **弥纶**：原指包罗、统括，此指佛法四处流布。

⑤ **环中**：指超脱是非之境。《庄子·齐物论》："枢始得其环中，以应无穷。"后人注曰："夫是非反复相寻无穷，故谓之环。环中，空矣。今以是非为环，而得其环中者，即无是无非也。"

⑥ **搢绅**："搢"即搢插之意，指插笏于腰间，"绅"即大带。古时官宦插笏垂绅，后多以士大夫称搢绅。

⑦ **跽**：即双膝着地之长跪。

⑧ **端委**：朝服端正而宽长者曰端委。

⑨ **磬折**：曲躬如磬之意，表示谦恭。

⑩ **三达**：又称"三明""三证法"，指除尽愚暗而于三事通达无碍之智。

⑪ **左衽**：我国少数民族的服装前襟向左，不同于中原一带的服饰前襟向右，故常以"左衽"指边远地区的少数民族。《尚书·毕命》曰："四夷左衽，罔不咸赖。"

译文

看到先生在《夷夏论》中盛演夷夏之辨，大谈佛道二教之相互关系，广征博引，论证二教之玄同，读后启迪颇多。早先有应吉甫唱孔、老一家之论，现在先生又力主佛道二教同流，真是万世殊途，同归于一朝，历代之疑争，释然于今日。先生思深悟远，见解精辟独到。

无奈世人常常各言其所好，以致肝胆楚越，不知甘苦之方虽殊，而成体之性必一。因此互相攻击，纷争迭起，其害诚莫大焉。……现把自己读大论后的几点浅陋之见，付诸笔墨呈上，敬祈先生不吝赐正。朱昭之白。

举凡至圣之道，都虚寂湛然，故能圆应无方。以其应无方所，故能无所不通达。所以就圣道真谛言，本没有森罗万象，世间之万物都是因一定的条件而产生出来的，因之而有各种假相、名号。人们常常把无不周遍之智慧称为正觉；把无不通达者称为圣人；把能开物成务的称为道。然而，圣人所以成其为圣人，乃在于他具有真正的智慧和觉悟，而圣人所觉悟的，则无非是"道"。先生已知道，何必远求呢？但是，由于华夏与印度之习俗多有不同，所以圣人随机而设不同之教。华夏之"曲礼"和印度之"净戒"同是三百，威仪容止，同是三千。而所差异者，只在所设之教的名称、服饰以及二者所注重的或形或神而已。通达的教化，视人的躯体若客舍，故衣服冠冕，不足为论。但由于各地之习俗各异，故尔各地的教化在形式上多有差异。例如，东土崇尚华贵，故重衣冠之饰、礼乐之容、俯仰之节，借此以弘其道，此乃采取引而近之的方法。印度人重素朴，故其教强调内在的东西，不太讲究衣冠之饰甚而主张剃除须发，提倡闭情开照，注重心神之修炼。就形式上说，此乃采取推而远之的方法，道教则是另一种情形。它提倡服饵食丹、呼吸吐纳，认为如此则或可以羽化登仙，或可以无疾长生。就形式说，此乃取即而效之的方法。此三者都是教化的一种形式，我认为无论那一种都不是最为极致的。教化之最为极致者，应该是既不偏重华贵亦不偏重素朴，既不即亦不殊，无近亦无远，谁舍谁居，不偏又不党，不毁不誉，圆通寂寞，假字称，无妙境融融，何所异哉！但是自三皇、伏羲以来，人们却总是各弘其方，师师相传，彼此之间互不相关涉，有如两足，不复我外之求。故自汉代以来，民风由淳转薄，仁义由盛转衰，大道之科不传，五经之学愈寡。大义既被隐没，微言又趋绝灭，众妙之门不显，中庸之义难见。礼术既坏，雅乐又崩，风俗寝顿，君臣无章，正教衰微，人伦失序，于是圣道（指佛法）广为流布，从天竺传至东土，慈风广被于华夏。仁众生民，无不欢欣乐习，革面从和，圣道之精义复兴。……夫圣人之设教化民，有如慈母之哺育婴儿。一开始先以甘肥之类食品喂养婴儿，等婴儿对这类食品发腻后，再喂以其他食品，此中不可妄分哪类食品更好些，哪类食品更差些，若这样去认识，则未达到超脱是非之境界，不可与论道矣，今妄分夷夏，奢论优劣，实属背理之论。……

先生于论中先明孔、老是佛，后来却又妄判各教之优劣，前后多有自相矛盾处。怎么能说士大夫们的摺笏垂绅、作揖长跪就是华夏之仪，而印度人之稽首礼佛则是一种"狐蹲"之势？华夏人之鞠躬行礼就是尊贵之恭，而印度人之右膝着地却遭到"狗踞"之辱？请问，如果孔学是正觉，而佛说是邪见，这种说法，着实令人闻不忍闻。先生既然在论中称佛为正真，为何又如此地诽谤佛教呢？这种做法，实在是既亏畏圣之箴，又忘最基本的礼节。此乃我读大论之后所感到不可思议者一也。

《夷夏论》又说："道教倡全形守祀，乃继善之教，佛教主毁貌易性，是绝恶之学。"这无异于说，商臣之子有继善之功，毁落蔽障有绝恶之志，考诸名实，这种说法真叫人感到费解。

《夷夏论》又说："佛教下弃妻子儿女，上废先祖宗祀。"鬼神之类，是幽冥莫测的，故当子路问及鬼神时，孔子避而不答。这主要是因为生死之路各各不同，故鬼神变幻莫测，并不是圣人无法谈论它，而是担心一般贤者尚不能理解它。当然，佛教的三达智是能洞照鬼神之理的。先生在论中似已赞许佛法神化之东流，此处又以佛教有背华夏丧祭之礼指责它，岂不是毁誉无定吗？这也是我所感到不好理解的地方。

《夷夏论》又说："切要之法可以进谦弱，宽和之法可以退夸强。"论中三次重复此说,颠来倒去,不伦不类。实际上,谦弱则易回,可以缓缓而进,而夸强则难化,应该施之以切要之法。用心对照一下我们身边的事,不都是这样吗？粗糠在目,则眼睛难辨东西；偏着分心,则义乖辞舛。先生所说的,难道不都是违背常理的吗？

《夷夏论》又说:"佛言华而引,道言实而抑,抑则明者独进,引则昧者竞前。"实际上,真正之道,所言皆是真实,它覆载万物,养育众形,说"明者独进",不无自私之嫌。而佛教以慈悲为怀,广被众生,三乘同顺,天人共仰,怎么反被诬为"昧者竞前"呢？真是妄生疮疣、信口雌黄。

《夷夏论》又说:"佛教是破恶之方,道教是兴善之术。"说佛教是破恶之方,我没有不同的看法。其实,恶止而善行,一切教法都是着眼于此的。只是不知道论中所说的兴善之术所兴者谁？如果本来即善,又何必再去兴善呢？如果所兴对象本来不善,则不是兴善所能解决的。可见,所谓兴善,是无的放矢。又,从某种意义上说,道则善也,善之上再加以兴善,岂非同义反复？不提倡破恶,而单讲兴善,其教法无疑是偏于一方。真正的大道,应该破恶兴善兼弘,欲把教法局限于兴善,无疑是片面的。

《夷夏论》又称:"残忍刚愎,则师从佛法;而慈柔虚受,则推崇道教。"其实降伏邪道恶魔,乃释迦牟尼之巨勋,既非残忍,亦不违背以智慧力度化之宗旨。当然,如果道力刚强锋利,则所化逾远。因为道力坚强广大,故佛法慈恩广被,泽及一切众生。可见,说佛法残忍刚愎而道教慈柔虚受,无疑是一种十分浅陋的见解,如果不是坐井观天,就是对佛教带有偏见。

《夷夏论》还说:"八象、西域之经典浩如渊海,广略兼陈,而《金刚经》《般若心经》,文字不过几千字。"这种说法表明作者根本不懂佛法。在佛法中,常常是粗妙两施,繁约共有,既有繁密细致的科教仪轨、教诫经文,又有一个四句偈,其意蕴可包涵万法的。如此精粗不分,又遑论佛法!

《夷夏论》还说:"就地域、国别说,则印度残虐而华夏谦和。"请问:炮烙之刑,难道出自印度?刳心剔面之苦害,亦不是西域人所创设。就人之情性言,华夏与印度是一样的,妄以温严分华夷,于理不通。

《夷夏论》又说:"博奕优于慢游,讲诵胜过玩耍。"历史上的教化所以能得以流传,大量的经籍所以能保存下来,讲诵之功实不可没,而加以深入的探求,又使人能从中得到一些启悟。所以古人云:"学而不讲,是吾忧也。"而方之戏谑,太为慢德。请问善诱之筌,其将安寄？实是尚未得意而欲忘言，能行得通吗？

有此十条，是我读《夷夏论》后所产生的疑惑，请先生能拨冗略加阐释，不胜感激。谢镇之对《夷夏论》亦有一些不同的看法，先生对他已论难不少。这里不想代他讨教，主要想就以上的问题请教于先生，请能不吝赐教是盼。

14　沙门不敬王者论（并序）

晋·慧远

原典

　　晋成、康之世，车骑将军庾冰，疑诸沙门抗礼万乘①。所明理，何骠骑有答。（二家论各在本集）至元兴中，太尉桓公亦同此义，谓庾言之未尽。《与八座②书》云："佛之为化，虽诞以茫浩，推乎视听之外，以敬为本，此出处不异。盖所期者，殊非敬恭宜废也。《老子》同王侯于三大，原其所重，皆在于资生通运，岂独以圣人在位，而比称二仪③哉？将以天地之大德曰生，通生理物，存乎王者，故尊其神器④而体寔惟隆。岂是虚相崇重，义存弘御而已？沙门之所以生生资国存，亦日用于理命，岂有受其德而遗其礼，沾其惠而废其敬哉？"于时朝士名贤答者甚众。虽言未悟时，并互有其美，徒咸尽所怀而理蕴于情。遂令无上道服毁于尘俗，亮到之心屈乎人事。悲夫！斯乃交丧之所由，千载之否运。深惧大法之将沦，感前事之不忘，故著论五篇，究叙微意。岂曰渊壑之待晨露！盖是伸其罔极，亦庶后之君子，崇敬佛教者，式详览焉。

在家一

原夫佛教所明大要，以出家（按"家"或作"处"）为异。出家之人，凡有四科：其弘教通物，则功侔帝王，化兼治道；至于感俗悟时，亦无世不有。但所遇有行藏，故以废兴为隐显耳。其中可得论者，请略而言之：在家奉法，则是顺化之民，情未变俗，迹同方内⑤，故有天属之爱，奉主之礼。礼敬有本，遂因之而成教。本其所因，则功由在昔。是故因亲以教爱，使民知其有自然之恩；因严以教敬，使民知有自然之重。二者之来，实由冥应，应不在今，则宜寻其本。故以罪对为刑罚，使惧而后慎；以天堂为爵赏，使悦而后动。此皆即其影响之报，而明于教，以因顺为通，而不革其自然也。……

出家二

出家则是方外⑥之宾，迹绝于物。其为教也，达患累缘于有身，不存身以息患；知生生由于禀化，不顺化以求宗。求宗不由于顺化，则不重运通之资；息患不由于存身，则不贵厚生之益。此理之与形乖，道之与俗反者也。若斯人者，自誓始于落簪，立志形乎变服。是故凡在出家，皆遁世以求其志，变俗以达其道。变俗则服章不得与世典同礼，遁世则宜高尚其迹。夫然者，故能拯溺俗于沉流，拔幽根于重劫，远通三乘之津，广开天人之路。如令一夫全德，则道洽六亲，泽流天下，虽不处王侯之位，亦已协契皇极，在宥生民矣。是故内乖天属之重，而不违其孝；外阙奉主之恭，而不失其敬。……

求宗不顺化三

问曰："寻夫老氏之意，天地以得一为大⑦，王侯以体顺为尊。得一，故为万化之本；体顺，故有运通之功。然则明宗必存乎体极，体极必由于顺化。是故先贤以为美谈，众论所不能异。异夫众论者，则义无所取，而云不顺化，何耶？"

答曰:"凡在有方,同禀生于大化,虽群品万殊、精粗异贯,统极而言,唯有灵与无灵耳。有灵则有情于化,无灵则无情于化。无情于化,化毕而生尽,生不由情,故形朽而化灭。有情于化,感物而动,动必以情,故其生不绝。其生不绝,则其化弥广而形弥积,情弥滞而累弥深,其为患也,焉可胜言哉!是故经称:泥洹不变,以化尽为宅;三界流动,以罪苦为场。化尽则因缘永息,流动则受苦无穷。何以明其然?夫生以形为桎梏,而生由化有。化以情感,则神滞其本,而智昏其照,介然有封,则所存唯己,所涉唯动。于是灵辔失御,生涂日开,方随贪爱于长流,岂一受而已哉?是故反本求宗者,不以生累其神;超落尘封者,不以情累其生。不以情累其生,则生可灭;不以生累其神,则神可冥。冥神绝境,故谓之泥洹。泥洹之名,岂虚称也哉?请推而实之。天地虽以生生为大,而未能令生者不死;王侯虽以存存为功,而未能令存者无患。是故前论云:达患累缘于有身,不存身以息患,知生生由于禀化,不顺化以求宗,义存于此。义存于此,斯沙门之所以抗礼万乘,高尚其事,不爵王侯,而沾其惠者也。"

体极不兼应四

问曰:"历观前史,上皇⑧已来,在位居宗者,未始异其原本。本不可二,是故百代同典,咸一其统,所谓'唯天为大,唯尧则之'。如此,则非智有所照,自无外可照,非理有所不尽,自无理可尽。以此而推,视听之外,廓无所寄。理无所寄,则宗极可明。今诸沙门,不悟文表之意,而惑教表之文,其为谬也,固已甚矣!若复显然有验,此乃希世之闻!"

答曰:"夫幽宗旷邈,神道精微,可以理寻,难以事诘。既涉乎教,则以因时为捡。虽应世之见,优劣万差。至于曲成在用,感即民心而通其分。分至则止其智之所不知,而不关其外者也。若然,则非体极者之所不兼,兼之者不可并御耳。……六合⑨之外,存而不论者,非不可论,论之或乖;六合之内,论而不辩者,非不可辩,辩之或疑。《春秋》经世,先王之志,辩而不议者,非不可议,议之者或乱。此三者,皆即其身耳目之所不至,以为关键,而不关视听之外者也。因此而求,圣人之意,则内外之道可合而明矣。常以为道法之与名教,如来之与尧、孔,发致虽殊,潜相影响,出处诚异,终期则同……。"

注释

① **万乘**：指天子或朝廷。周代天子地方千里，出兵车万乘，诸侯地方百里，出兵车千乘，故以万乘称天子。

② **八座**：封建王朝的高级官员。各朝所指不一，东汉以六部尚书、尚书令和仆射为八座，魏晋南北朝以五部尚书、尚书令和二仆射为八座。

③ **二仪**：指天地或阴阳。《易·系辞上》曰："是故易有太极，是生两仪。"

④ **神器**：指帝王。

⑤ **方内**：即世俗。

⑥ **方外**：即世俗之外。《庄子·大宗师》曰："彼游方之外者也，而丘游方之内者。"

⑦ **天地以得一为大**：《老子》三十九章曰："天得一以清，地得一以宁，神得一以灵，谷得一以盈，万物得一以生，侯王得一以为天下贞。"

⑧ **上皇**：上古的帝王。

⑨ **六合**：指天地四方。《庄子·齐物论》曰："六合之外，圣人存而不论；六合之内，圣人论而不议。"

译文

晋成帝、康帝年间（公元三四〇年），车骑将军庾冰，认为沙门不跪拜君王，是一种与朝廷相抗礼的表现，主张沙门应该礼敬王侯，其后骠骑将军何充等又上奏书，主张沙门不应尽敬（此二种主张都收在《弘明集》中）。在其后，太尉桓玄赞同庾冰的主张，认为沙门应该礼敬王侯，但他认为庾冰之论沙门所以应该礼敬王侯的理由还说得不够充分。在《与八座论沙门敬事书》中，桓玄说："佛之教化，虽然所包很广，推及三世，达于视听之外，但是，教化以礼敬为本，这是各教都应该遵循的定则，佛教也不能例外。只不过恭敬的对象不同罢了，不应该废除恭敬。《老子》也把王侯列为三大之一，究其缘由，盖在于三者皆能资生通物，岂可以圣人在位，而把王侯排除在外？天下之大德曰生，而通生理物，则有赖于王侯。所以四海之内，都对帝王十分恭敬尽礼，这并不纯粹是一种虚设的礼仪。哪里只是表面上崇拜尊重，以此增强王者的统治地位呢？沙门的存在和发展，也有赖于国家，日用于理命，岂可受其德而弃其礼，得其惠而废其敬？"此说一出，许多朝士名贤多有不同的看法。虽然并没能说服桓玄改变主张，但都能动之以情，说之以理，各尽所怀。眼看佛法将毁于尘俗，正道将屈于人事。倘若真是这样，则实千古之悲剧！回顾佛教以往发展的艰难历程，深惧佛法之沦丧，所以撰此五篇短文，略叙自己的看法。怎敢比喻为深渊峡谷期待晨光雨露！只是为了阐述佛教的根本义量，还有望于将来的仁人志士、护法大德，能真正理解我于这些文章中所说的道理，进一步去弘扬佛法。

在家一

佛教与世俗教化的主要差别之一，乃在于出家这一点上。举凡出家之人，有几种情形：有的弘教通物，功比帝王，而化兼道俗；有的感俗悟时，有益当代，这种现象历代都有。但是，因历史条件不同，佛教在不同时代，常常有着不同的境遇，有时发展很顺利，有时则厄运连连，有时兴显故表现得很发达，有时则隐没而几被毁废。关于佛教与世俗教的异同，有几点欲在这里加以说明：在家之人，属于顺化之民，其情同于世俗，其行为亦不能超出世俗范围，所以有跪拜帝王之礼节及伦常之恩爱，为了适应世俗的需要逐渐有了世俗之教化。但是，若进一步探讨这些礼仪，则可以看到这些礼仪都有其产生的原因和依据。如因亲则教之以爱，目的是使人知有自然之恩；因严则教之以敬，目的使人知有自然之重。而此二者，实都来源于冥冥之报应，这种报应往往不在现世，故应寻找其本源之所在。所以世俗之教化，以刑罚惩治犯罪，使人们因惧怕受到惩罚而遵纪守法；

以天堂之报应来劝人为善，使人们欲得到天堂之报应而弃恶从善。这些都是以善恶之报应作为设教之依据，而又不违背人之常情和自然之法则。……

出家二

出家沙门则是超脱出俗之人，故不执着于世俗的事物。其教认为人生的五蕴身乃是一切烦恼的根源，故主张不执着于虚假的五蕴身，以熄灭各种烦恼和痛苦；认识到众生的六道流转是因情欲感召的结果，故主张不要像世俗之人那样随顺于情欲。也不主张顺从世俗的教化，而注重追求更带根本性东西。因为注重追求反归根本而不随顺世俗之常教，故不注重随情通物；因为主张把人的五蕴身看成是虚幻的假相从而熄灭各种烦恼和痛苦，因此不注重厚生之利益。这是佛教之轻形体、反世俗的地方。举凡学佛之人，自其落发之日起，便立志于易俗变服。所以一旦出家，则遁世以求其志，变俗以达其道。既然变俗，则服饰自与世俗不同，既然遁世，则当然应该高尚其迹。只有这样，才能拯救芸芸众生于俗流之中，拔除烦恼惑障于重劫之业，远通三乘的境界，广开人天的道路。如果修道有成，则非但惠及六亲，而且能泽流天下，虽不处王侯之位，但已与王道政治遥相协契且有益于生民。所以说，沙门虽然内乖世俗恩爱之情而不违背其对双亲之孝顺；外不行跪拜之礼，但不失其对王侯的恭敬。……

求宗不顺化三

问曰："《老子》注重得一、体顺，认为天地以'得一'为大，王侯以'体顺'为尊。把'得一'作为天地万物的根本；把'体顺'视为运化通物之根据。欲明宗极必须体证本体，体证本体则应当顺化。这是一种很有见地的看法，得到人们的普遍认同，但佛教却一反众人的看法而标新立异，提出出家之人可以不顺从世俗的教化，这究竟是怎么回事呢？"

答道："世上万物，都是大化流行的产物，虽然各种事物之间有精粗大小之分，但统而言之，可分为两大类，有些有生命、有灵性，有些没有生命、没有灵性，仅此而已。凡是有生命、有灵性的东西，其生化皆由于情识所致，而凡没有生命、没有灵性的东西，则没有情识，故化毕而生尽，形朽而化灭。有生命的有情体的变化，都是以情识感物而动的结果，所以有情体都是生生不息的。因其生生不息，故其变化无穷尽而新的形体也不断形成，情欲的逐渐累积遂导致很多烦恼惑障产生，其为害确实是很大的。所以佛经上说，涅槃不变，离却了一切生死变化；三界变动不居，常在各种罪苦中流转。离却了一切生死变化则因缘永绝，而在三界中流转则受苦无穷。为什么这么说呢？因为举凡有情体都以形体为桎梏，而有情体的形成则是生化的产物。生化则是由于情识感物而动的结果，一旦形体生成之后，则神识被凝滞于具体的形体之中，而智慧观照也受到局限。因此，注重反本求宗者，不以具体有情体滞累其神，超尘脱俗者，不以世俗之情感滞累其生。不以情感滞累其生，则其生可灭；不以具体的形体滞累其神，其神可冥。冥神绝境，所以称为涅槃。涅槃的名称，哪里是虚构的呢？请让我由实际推而论之，天地虽然以生生为大，但不能使生者不死，王侯虽然以治国安民为功，但也无法使民众没有烦恼祸患。所以我在前面指出，人生之烦恼祸患皆由于有了五蕴之身，不能想在有五蕴身的情况下去彻底断除一切烦恼祸患，生生皆由于禀化，顺化则不可能体证宗极。正是基于这种思想，所以佛教主张沙门不跪拜君主以高尚其事，不礼拜王侯而沾润其惠。"

体极不兼应四

问曰:"纵观以往之历史,自上古的帝王以来,举凡在位称帝者,虽然对前代都多少有所变革,但在一些基本的问题上又都没有什么根本性的变异。此盖因天之法则只有一个,故虽历经百代,但都一其统而同其典,正所谓'唯天为大,唯尧则之'。由此看来,并不是由于历代圣贤的智慧有所不能及,而是已没有什么可再进一步穷极的了,不是理性有所不尽,而是已无理可尽了。由此观之,在视听之外,本是廓然而无可再进一步穷究。既已不可再探究,则宗极可明矣。但是,现在的佛教界却不悟文外之意,而惑教外之文,实是荒谬之至!如果佛教所说的视听之外的东西果真能有所应验,则真是希世奇闻。"

答曰:"幽玄之宗极,精微之神道,是只可以理寻而无法以事验的。历代之教化,都是因时而设的。虽然都是应时之设施,但不无优劣之差别。至于应化教民,感即民心而通其分。由于人们智慧之局限不能知晓视听以外之事理,故古代之圣人设教多不关视听之外。照此看来,非体证宗极者所以不言视听之外的事、理,盖因体证宗极与世俗之事不可兼应也。……《庄子》曰:'六合之外,圣人存而不论'者,非不可论也,而是论之则乖；'六合之内，圣人论而不辩'非不可辩也，而是辩之或疑。《春秋》经世，先王之志，辩而不议，非不可议也，而是议之者或乱。此三者皆只局限于耳闻目睹之事、理，而不关视听之外。但若就圣人之本意说，与出世为宗旨的教化并没有根本的矛盾，所以人们常常认为世俗之教化和出世之佛法，如来之与周、孔，虽然思想内容和表现形式多有不同，但二者之间长期一直在相互交融和互相影响，虽然出发点多有不同，但最终目标则多遥相契合……。"

15 三报论（此篇因俗人看到有些善恶业不能得到现报而怀疑报应论而作）

晋·慧远

原典

经说业有三报：一曰现报，二曰生报，三曰后报。现报者，善恶始于此身，即此身受；生报者，来生便受。后报者，或经二生三生，百生千生，然后乃受。受之无主，必由于心，心无定司，感事而应。应有迟速，故报有先后。先后虽异，咸随所遇而为对；对有强弱，故轻重不同。斯乃自然之赏罚，三报大略也。非夫通才达识，入要之明，罕得其门。降兹已还，或有始涉大方①，以先悟为蓍龟②，博综内籍③，反三隅于未闻。师友仁匠，习以移性者，差可得而言。

请试论之：夫善恶之兴，由其有渐。渐以之极，则有九品④之论。凡在九品,非其现报之所摄。然则现报绝夫常类,可知类非九品,则非三报之所摄。何者?若利害交于目前,而顿相倾夺,神机自运,不待虑而发。发不待虑,则报不旋踵而应,此现报之一隅,绝夫九品者也。又,三业殊体,自同有定报,定则时来必受。非祈祷之所移,智力之所免也。将推而极之,则义深数广,不可详究,故略而言之。

相参怀佛教者,以有得之世,或有积善而殃集,或有凶邪而致庆,此皆现业未就,而前行始应,故曰祯祥遇祸,妖孽见福,疑似之嫌于是乎在。何以谓之然?或有欲匡主救时,道济生民,拟步高迹,志在立功,而大业中倾,天殃顿集;或有栖迟衡门,无闷于世,以安步为舆,优游卒岁,而时来无妄,运非所遇,世道交沦于其闲习;或有名冠四科⑤,道在入室,全爱体仁,慕上善以进德。若斯人也,含冲和而纳疾,履信顺而夭年,此皆立功立德之舛变,疑嫌之所以生也。

大义既明,宜寻其对,对各有本,待感而发,逆顺虽殊,其揆一耳。何者?倚伏之契,定于在昔,冥符告命,潜相回换。故令祸福之气,交谢于六府⑥;善恶之报,舛互而两行。是使事应之际,愚智同惑,谓积善之无庆,积恶之无殃,感神明而悲所遇,慨天殃之于善人。咸谓名教之书,无宗于上,遂使大道翳于小成,以正言为善诱,应心求实,必至理之无此。原其所由,由世典以一生为限,不明其外。其外未明,故寻理者自毕于视听之内,此先王即民心而通其分,以耳目为关键者也。如今合内外之道,以求弘教之情,则知理会之必同,不惑众涂而骇其异……。

注释

①**大方**:指大道理,引申为见识广博。

②**蓍龟**:蓍指蓍草,龟指龟甲,二者均是古人占卜之用具,此指能够钩玄致远、预卜未来之先知。

③**内籍**:指佛教典籍。

④**九品**:一指佛教的"九品往生",一指汉代的九品等级制。

⑤**四科**:原指孔门四科,即德行、言语、政事、文学四科,到汉武帝时,以四科举士,一德行高妙,志节清白;二学通行修,经中博士;三明达法令,足以决疑;四刚毅多略,遇事不惑。

⑥**六府**:指人体中的六种器官,即胃、大肠、小肠、三焦、膀胱和胆。三焦指食道、气管、肠、胃等部分及其生理机能。《太平御览》三六三引《韩诗外传》曰:"何谓六府?咽喉量入之府,胃者五谷之府,大

肠转输之府,小肠受成之府,胆积精之府,膀胱精液之府。"

译文

佛经上说业有三报,一是现报,二是生报,三是后报。所谓现报,亦即今世所作之善恶诸业,在今世即得到报应;所谓生报,即今世所作的善恶诸业,到来生才得到报应;所谓后报,即所作诸业,须经二生、三生、乃至百生、千生之后才得到报应。因为一切众生都是五蕴和合的假相,故并非是报应的主体,报应的主体是"心",而"心"又是随各种因缘、条件而显现的,所以报应多是感事而应。感应有迟、速之分,故报应有先后之别。报应虽然有先后之差别,但都与所作诸业之善恶、轻重相对应。此乃体现自然赏罚的三报论之大概。对于此三报论,如果不是通才达识,是不容易认识、理解它的。只有那些通晓大道理且能钩玄致远之士,或者博览经籍且能举一反三的人,或者师从高人名师,习以移性者,也许还可理解一二。

举凡善恶之业,都有一个逐渐积累的过程。积少成多,积小成大,遂有九品之分。凡此九品,均不属于现报的范围,而是前生所作善恶诸业的报应。现报与今生今世某些造业不尽相同，例如出于眼前的某种利益而尔虞我诈、相互争斗，并非经过深思熟虑所造的一些业，其报应并不会旋踵而至，因此与九品没有必然的联系。另外，众生所造的身、口、意三业，其体虽各不相同，但同样都必定遭到相对的报应，此正如俗话所说的，不是不报，时候未到，时候一到，一切都报。作业受报是不会因为人的智慧而转移，也不会因作了祈祷所能避免的。此报应理论如果深加细究，是非常高深玄妙的，故只好略而言之。

　　世上有些人，因为看到现实中有些现象，如积善反而殃集，凶邪反而致庆，因而就怀疑佛教所说的报应论，实际上，这些人并不懂得佛教的报应理论，所以会发生此类报应反常的现象，是因为他们眼下所遭到的是前世乃至百世、千世前所造诸业的报应，而现在所造的善恶诸业还没有得到报应，所以才会出现贞祥遇祸、妖孽见福的现象。怀疑报应论的思想也就随之产生了。为什么会这样说呢？例如，有些人胸怀大志，欲匡世济民，建大功业，但时运不济，大业未成而灾祸顿至；有些人隐遁高栖，不问世事，优游岁月、悠闲自得，平平静静终其一生；有些人名冠四科，修道有成，仁民爱物，崇善进德。若此类人立功立德不成反而多灾多难乃至早年夭折，怀疑报应论的思想也就随之产生了。

明白了以上的道理之后，还须进一步去认识报应的依据。举凡报应，都有其相对应之善恶诸业。这些业在一定的时间和条件下就会出现报应，虽有迟速轻重的差别，但必定会有报应则是无可置疑的。为什么既有报应，又会出现报应反常的现象呢？因为人们在过去世所造作诸业，在他们造业时就已埋下了果报的种子，但此业报种子先是以潜伏的形式流传下来的，直到因缘具足、条件成熟时才表现出来，而今生所造作诸业也是这样，并不马上得到报应，这样，善恶诸业与眼前的报应就常常不相一致，以致世人不论愚智都会对积善而无庆、积恶之无殃等现象感到大惑不解，并对自己一生为善积德而不得好报深感悲伤，对那些众善奉行的好人屡遭灾殃而大为感慨，叹神明报应之不公正。实际上，人们所以会产生这种感叹和悲伤，责怪神明的报应不公，主要因为只明了世俗的教化，而不懂得佛教的理论。世俗教化的一个重要特点，是只局限于一生，不谈生死之外的事。生死之外的事既不明了，故大都只在视听之内去寻找原因，这就是先王的世俗教化只教人着眼当前现实所造成的后果。如果人们能够把世俗的教化和出世的理论结合起来，就不会对这种报应反常的现象感到大惑不解，而懂得其中缘由了……。

16　明报应论（并问）

晋·慧远

原典

问曰："佛经以杀生罪重，地狱斯罚，冥科幽司①，应若影响②，余有疑焉。何者？夫四大③之体，即地、水、火风耳，结而成身，以为神宅，寄生栖照，津畅明识，虽托之以存，而其理天绝。岂唯精粗之间，固亦无受伤之地，灭之既无害于神，亦由灭天地间水火耳。"又问："万物之心，爱欲森繁，但私我有已，情虑之深者耳。若因情致报，乘惑生应，则自然之迹，顺何所寄哉？"

答曰："意谓此二条，始是来问之关键，立言之津要，津要既明，则群疑同释。始涉之流，或因兹以悟，可谓朗滞情于常识之表，发奇唱于未闻。然佛教深玄，微言难辩，苟未统夫指归，亦焉能畅其幽致？当为依傍大宗，试叙所怀。

"推夫四大之性，以明受形之本，则假于异物，托为同体，生若遗尘，起灭一化，此则慧观之所入，智忍之所游也。于是乘去来之自运，虽聚散而非我，寓群形于大梦，实处有而同无，岂复有封于所受，有系于所恋哉？若斯理自得于心，而外物未悟，则悲独善之无功，感先觉而兴怀。于是思弘道以明训，故仁恕之德存焉。若彼我同得，心无两对，游刃则泯一玄观，交兵则莫逆④相遇，伤之岂唯无害于神，固亦无生可杀。此则文殊按剑，迹逆而道顺，虽复终日挥戈，措刃无地矣。若然者，方将托鼓舞以尽神，运干戚而成化，虽功被犹无赏，何罪罚之有邪？若反此而寻其源，则报应可得而明；推事而求其宗，则罪罚可得而论矣。尝试言之：夫因缘之所感，变化之所生，岂不由其道哉？无明为惑网之渊，贪爱为众累之府，二理俱游，冥为神用，吉凶悔吝，唯此之动。无明掩其照，故情想凝滞于外物；贪爱流其性，故四大结而成形。形结则彼我有封，情滞则善恶有主。有封于彼我，则私其身而身不忘；有主于善恶，则恋其生而生不绝。于是甘寝大梦，昏于同迷；抱疑长夜，所存唯着。是故失得相推，祸福相袭，恶积而天殃自至，罪成则地狱斯罚。此乃必然之数，无所容疑矣。

"何者？会之有本，则理自冥对，兆之虽微，势极则发。是故心以善恶为形声，报以罪福为影响。本以情感，而应自来，岂有幽司？由御失其道也。然则罪福之应，唯其所感，感之而然，故谓之自然。自然者，即我之影响耳。于夫主宰，复何功哉？请寻来问之要，而验之于实，难旨全许地水火风，结而成身，以为神宅，此即宅有主矣。问主之居宅，有情邪？无情邪？若云无情，则四大之结，非主宅之所感。若以感不由主，故处不以情，则神之居宅无情、无痛痒之知。神既无知，宅又无痛痒以接物，则是伐卉剪林之喻，无明于义。若果有情，四大之结，是主之所感也。若以感由于主，故处必以情，则神之居宅，不得无痛痒之知。神既有知，宅又受痛痒以接物，固不得同天地间水火风明矣。

"因兹以谈，夫神形虽殊，相与而化，内外诚异，浑为一体，自非达观，孰得其际邪？苟未之得，则愈久愈迷耳。凡禀形受命，莫不尽然也。受之既然，各以私恋为滞。滞根不拔，则生理弥固；爱源不除，则保之亦深。设一理逆情，使方寸迷乱，而况举体都亡乎？是故同逆相乘，共生仇隙，祸心未冥，则构怨不息。纵复悦毕受恼，情无遗憾，形声既着，则影响自彰，理无先期，数合使然也。虽欲逃之，其可得乎？"

注释

① **冥科幽司**：指冥界之官吏对有情众生所犯罪进行判决，给犯罪业者予应得之责罚。

② **影响**：比喻感应迅捷。《易传》曰："吉凶之报，若影之随形，响之应声，言不虚。"

③ **四大**：古印度以地、水、火、风构成世间为一切万物的基本元素。

④ **莫逆**：彼此同心相契，后多指知心朋友。

译文

问曰："佛教以杀生为第一重罪，认为必将受到下地狱之惩罚。此种报应有如影之随形，是逃脱不了的，我对这种说法表示很怀疑。为什么呢？因为人的身体是由地、水、风、火四大凝聚而成的，并以此身体作为神识居住之所。人们之智慧观照，乃是由此神识而发，虽然此神识存在于此肉体之中，但它与肉体是绝然不同的。人们之杀生，主要是杀害其形体，而没有伤害其神识，因此，杀生无异于消灭天地间之水火而已，岂有地狱之报应？"又问："世间众生，爱欲繁多，而人类之所独有者，则在于富有情感和善于思虑而已。如果情感会导致报应，那么这与自然法则相符合吗？"

答道："先生所说的这二点，实是问题之关键所在，如果这两点搞清楚了，其他的问题也就迎刃而解了。那些开始接触佛法的人，也许可以因此而有所醒悟，因此，先生的这一提问，真是问得好。不过，佛教的义理比较深奥，如果不明了其思想旨趣，想用几句话把此问题说清楚是不容易的，因此，拟依傍大宗，试着谈谈自己的一些看法。

　　"先生以四大明受形之本，如此则不同的事物其体无殊，有情众生与世间微尘也没有什么差别。如果这样去看待万事万物，那么，两军兵刃相向与一群知心朋友相会也没有什么区别了，杀生伤人非但无伤于神，甚至也无生可杀了。如果真是这样的话，杀生自然谈不上地狱之报应了。但是，如果能够从另一个角度去提出和认识问题，能够从事物乃至有情众生产生的本源和发展过程的角度去深加细究，那么佛教所说的报应理论就不难理解了。我试着对此做一番论述。世间一切有情众生，都肇端于无明，人们的诸多烦恼，都导源于贪爱。由于无明之熏染，故情想凝滞于外物，由于贪爱的执着，故四大结聚而成形。有了具体的形体，则有了物我、主客之分，而由于情想凝滞于外物，则善恶之业有了其承担之主体。因为有了物我、主客之分，所以人们常常私其身而身不忘，善恶之业有了承担主体，故常恋其生而生不绝。因此之故，世间众生往往沉迷于梦幻之境而不觉悟，而他们所造作的善恶诸业也不知不觉地导致祸福之报应，恶积则天殃自至，罪成则遭受地狱之罚，这是不依人的意志为转移的必然规律，是无容置疑的。

"为什么这么说呢？举凡报应，都与其造作诸业冥相对应，一旦机缘成熟，报应就发生了。所以善恶之业与罪福之报，犹如形声之与影响，不需要什么冥官暗中进行赏善罚恶，而是一种自然而然的感应。考察你刚才所提出的疑问，你认为一切事物乃至众生都是地、水、火、风四大的产物，此四大凝结而成为人身，以为神之宅所，照此说来，宅则有主矣。这里不禁要问，此神识所居住的身体，是有情呢？还是无情？若属无情，则四大之凝结为身，并非由于宅主神识所感而成。而如果此人身不是宅主神识所感而成，则此身体乃一无情物，其中既无有知之神，身体也没有生命，不知痛痒，如果真是这样，杀生岂不有如砍伐树木、剪除花草？此身体若属有情，则四大之凝结，乃是神主所感而成。如果身体是由神识所感而成，属于有情，则身体不得无痛痒之知。人的神识既有知觉，而身体又有痛痒之感觉，它当然与天地间的地、水、风、火四大不尽相同。

"由此看来，神之与形虽然有所差别，但二者相结合则产生有情众生。身体之内外既有所不同，但二者是混为一体的。对于这种现象，如果不是达观之人，又怎么能够洞察其真际呢？而如果不懂得此中之道理，是很难明了报应理论的。举凡禀形受命的有情众生，其一旦受形之后，则迷恋执着于自身，此滞根不除，则贪生之情愈坚，爱欲之源不除，则保形之心愈重。由此而有诸多恩怨争执，祸福之报应就如影随形，自然而至，任何人也不能逃遁其间。"

17　灭惑论

梁·刘勰

原典

惑造《三破论》者，义证庸近，辞体鄙拙。虽至理定于深识，而流言惑于浅情，委巷陋说，诚不足辨。又恐野听将谓信然，聊择其可采，略标雅致。

《三破论》云："道家之教，妙在精思得一，而无死入圣；佛家之化，妙在三昧①神通，无生可冀，诡死为泥洹。未见学死而不得死者也。"《灭惑论》曰："二教真伪，焕然易辨。夫佛法练神，道教练形。形器必终，碍于一垣之里；神识无穷，再抚六合②之外。明者资于无穷，教以胜慧；暗者恋其必终，诳以仙术，极于饵药。慧业始于观禅，禅练真识，故精妙而泥洹可冀。药驻伪器，故精思而翻腾无期。若乃弃妙宝藏，遗智养身，据理寻之，其伪可知。假使形翻无际神暗，鸢飞戾天，宁免为鸟？夫泥洹妙果，道惟常住，学死之谈，岂析理哉？"

《三破论》云："若言太子是教主，主不落发，而使人髡头；主不弃妻，使人断种，实可笑哉！明知佛教是灭恶之术也。伏闻君子之德，身体发肤受之父母，不敢毁伤，孝之始也。"《灭惑论》曰："太子弃妻落发，事显于经，而反白为黑，不亦罔乎？夫佛家之孝，所苞盖远，理由乎心，无系于发，若爱发弃心，何取于孝？昔泰伯、虞仲断发文身，夫子两称至德中权。以俗内之贤，宜修世礼，断发让国，圣哲美谈。况般若之教，业胜中权；菩提之果，理妙克让者哉；理妙克让，故舍发取道；业胜中权，故弃迹求心。准以两贤，无缺于孝，鉴以圣境，夫何怪乎？"

第一破曰："入国而破国者。""诳言说伪，兴造无费，苦克百姓，使国空民穷，不助国，生人减损，况人不蚕而衣，不田而食，国灭人绝，由此为失。日用损费，无纤毫之益，五灾之害，不复过此。"《灭惑论》曰："大乘圆极，穷理尽妙，故明二谛[③]以遣有，辨三空[④]以标无，四等弘其胜心，六度[⑤]振其苦业。诳言之讪（一作'诎'），岂伤日月！夫塔寺之兴，阐扬灵教，功立一时，而道被千载。昔禹会诸侯，玉帛万国，至于战伐，存者七君。更始政阜，民户殷盛；赤眉⑥兵乱，千里无烟，国灭人绝，宁此之由？宗索之时，石谷十万，景、武之世，积粟红腐，非秦末多沙门，而汉初无佛法也。验古准今，何损于政？"

第二破曰："入家而破家。""使父子殊事，兄弟异法，遗弃二亲，孝道顿绝，忧娱各异，歌哭不同，骨血生仇，服属永弃，悖化犯顺，无昊天之报，五逆不孝，不复过此。"《灭惑论》曰："夫孝理至极，道俗同贯，虽内外迹殊，而神用一揆。若命缀俗因，本修教于儒礼；运禀道果，固弘孝于梵业。是以谘亲出家，《法华》明其义；听而后学，《维摩》标其例，岂忘本哉？有由然也。彼皆照悟神理，而鉴烛人世，过驷马于格言，逝川伤于上哲。故知瞬息尽养（按，《全梁文》云：'养'下脱一'则'字），无济幽灵；学道拔亲，则冥苦永灭。审妙感之无差，辨胜果之可必，所以轻重相摧（按，《全梁文》云：'摧'当作'权'），去彼取此。若乃服制所施，事由追远，礼虽因心，抑亦沿世。昔三皇至治，尧、舜所慕。死则衣之以薪，葬之中野，封树弗修，苴斩无纪，岂可谓三皇教民弃于孝乎？爰及五帝，服制焕然，未闻尧、舜执礼，追责三皇。三皇无责，何独疑佛？佛之无服，理由拔苦；三皇废丧，事沿淳朴。淳朴不疑，而拔苦见尤，所谓朝三暮四，而喜怒交设者也。

明知圣人之教，触感圆通，三皇以淳朴无服，五帝以沿情制丧，释迦拔苦，故弃俗反真。检迹异路，而玄化同归。"

第三破曰："入身而破身。""人生之体，一有毁伤之疾，二有髡⑦头之苦，三有不孝之逆，四有绝种之罪，五有亡体从诫，唯学不孝。何故言哉？诫令不跪父母，便竞从之。儿先作沙弥，其母后作阿尼，则跪其儿。不礼之教，中国绝之，何可得从！"《灭惑论》曰："夫栖形禀识，理定前业，入道居俗，事系因果。是以释迦出世化治天人，御国统家，并证道迹，未闻世界普同出家。良由缘感不二（按，《全梁文》云：'二'当作'一'），故名教有二，搢绅⑧沙门所以殊也。但始拔尘域，理由戒定。妻者爱累，发者形饰；爱累伤神，形饰乖道。所以澄神灭爱，修道弃饰，理出常均，教必翻俗。若乃不跪父母，道尊故也；父母礼之，尊道故也。礼新冠见母，其母拜之，喜其备德，故屈尊礼卑也。介胄之士，见君不拜，重其秉武，故尊不加也。缁弁轻冠，本无神道；介胄凶器，非有至德。然事应加恭，则以母拜子；势宜停敬，则臣不跪君。礼典世教，周、孔所制，论其变通，不由一轨。况佛道之尊，标出三界，神教妙本，群致玄宗，以此加人，实尊冠胄。冠胄及礼，古今不疑，佛道加敬，将欲何怪？"

《三破论》云："佛，旧经本云浮屠，罗什改为佛徒，知其源恶故也，所以铭为浮屠。胡人凶恶，故老子云化其始。不欲伤其形，故髡其头，名为浮屠，况屠割也。至僧祐后，改为佛图。本旧经云丧门，丧门由死灭之门，云其法无生之教，名曰丧门。至罗什又改为桑门，僧祐又改为沙门。沙门由沙汰之法，不足可称。"《灭惑论》曰："汉明之世，佛经始通，故汉译言，音字未正。浮音似佛，桑音似沙，声之误也；以图为屠，字之误也。罗什语通华、戎，识兼音义，改正三豕，固其宜矣。五经世典，学不因译，而马、郑注说，音字互改。是以昭穆不祀，谬师资于《周颂》；允塞宴安，乖圣德于《尧典》。至教之深，宁在两字？得意忘言，庄周所领；以文害志，孟轲所讥。不原大理，唯字是求，宋人申束，岂复过此？"

　　《三破论》曰："有此三破之法，不施中国，本正西域。何言之哉？胡人无二（按，'二'字一本作'义'），刚强无礼，不异禽兽，不信虚无。老子入关，故作形像之教化之。"又云："胡人粗犷，欲断其恶种，故令男不娶妻，女不嫁夫。一国伏法，自然灭尽。"《灭惑论》曰："双树晦迹，形像代兴，固已理精无始，而道被无穷者矣。案，李叟⑨出关，运当周季，世闭贤隐，故往而忘归。接舆⑩避世，犹灭其迹，况适外域，孰见其踪？于是奸猾祭酒，造《化胡》之经，理拙辞鄙，厮隶所传。寻西胡怯弱，北狄凶炽，若老子灭恶，弃德用刑，何爱凶狄而反灭弱胡？遂令犴狖⑪横行，毒流万世，豺狼当路，而狐狸是诛？沦湑为酷，覆载无闻，商鞅之法，未至此虐，伯阳⑫之道，岂其然哉？且未服则设像无施，信顺则孥戮可息。既已服教矣，方加极刑，一言失道，众伪可见。东野之语，其如理何？"

《三破论》云："盖闻三皇、五帝、三王之徒，何以学道并感应而未闻？佛教为是，九皇忽之？为是佛教未出？若是佛教未出，则为邪伪，不复云云。"《灭惑论》曰："神化变通，教体匪一；灵应感会，隐现无际。若缘在妙化，则菩萨弘其道；化在粗缘，则圣帝演其德。夫圣帝、菩萨，随感现应，殊教合契，未始非佛。固知三皇已来，感灭而名隐，汉明之教，缘应而像现矣。若乃三皇德化，五帝仁教，此之谓道，似非太上。羲、农敷治，未闻奏章；尧、舜缉政，宁肯书符；汤、武抒暴，岂当饵丹？五经典籍，不齿天师，而求授圣帝，岂不悲哉！"

《三破论》云："道以气为宗，名为得一。寻中原人士，莫不奉道，今中国有奉佛者，必是羌、胡之种。若言非邪，何以奉佛？"《灭惑论》曰："至道宗极，理归乎一；妙法真境，本固无二。佛之至也，则空玄无形，而万象并应；寂灭无心，而玄智弥照。幽数潜会，莫见其极；冥功日用，靡识其然。但言万象既生，假名遂立，梵言菩提，汉语曰道。其显迹也，则金容以表圣；应俗，则王宫以现生。拔愚以四禅[13]为始，进慧以十地为阶。总龙鬼而均诱，涵蠢动而等慈。权教无方，不以道俗乖应；妙化无外，岂以华、戎阻情？是以一音演法，殊译共解；一乘敷教，异经同归。经典由权，故孔、释教殊而道契，解同由妙，故梵、汉语隔而化通。但感有精粗，故教分道俗；地有东西，故国限内外。其弥纶神化，陶铸群生，无异也，固能拯拔六趣[14]，总摄大千。道惟至极，法惟最尊，然至道虽一，岐路生迷，九十六种，俱号为道。听名则邪正莫辨，验法则真伪自分。案道家立法，厥品有三，上标老子，次述神仙，下袭张陵。太上为宗，寻柱史[15]嘉遁，实惟（按，一本'惟'作'为'）大贤，著书论道，贵在无为，理归静一，化本虚柔。然而三世弗纪，慧业靡闻，斯乃导俗之良书，非出世之妙经也。若乃神仙小道，名为五通，福极生天，体尽飞腾，神通而未免有漏，寿远而不能无终。功非饵药，德沿业修，于是愚狡方士，伪托遂滋。张陵米贼，述记升天，葛玄野竖，着传仙公，愚斯惑矣。智可罔舆？

"今祖述李叟，则教失如彼；宪章神仙，则体劣如此。上中为妙，犹不足算，况效陵、鲁，醮事章符，设教五斗，欲拯三界，以蚊负山，庸讵胜乎？标名大道，而教甚于俗；举号太上，而法穷下愚。何故知邪？贪寿忌夭，含识所同，故肉芝石华，谲以翻腾；好色触情，世所莫异，故黄书御女，诳称地仙；肌革盈虚，群生共爱，故宝惜涎唾，以灌灵根；避灾苦病，民之恒患，故斩缚魑魅，以快愚情；凭威恃武，俗之旧风，故吏兵钩骑，以动浅心。至于消灾淫术，厌胜奸方，理秽辞辱，非可笔传。事合氓庶，故比屋归宗，是以张角、李弘，毒流汉季；卢悚、孙恩，乱盈晋末，余波所被，实蕃有徒。爵非通侯，而轻立民户；瑞无虎竹⑯，而滥求租税。糜费产业，蛊惑士女，运迍则蝎国，世平则蠹民，伤政萌乱，岂与佛同？且夫《涅槃》大品，宁比玄妙《上清》？金容妙相，何羡鬼室空屋？降伏天魔，不慕幻邪之诈，净修戒行，岂同毕券之丑？积弘誓于方寸，孰与藏宫将于丹田；响洪钟于梵音，岂若鸣天鼓于唇齿？校以形迹，精粗已悬；核以至理，真伪岂隐？若以粗笑精，以讹谤真，是瞽对离朱⑰，曰我明也。"

注释

① **三昧**：又作"三摩地""三摩提"等，意译为

"定",即将心定于一处,不使散乱的状态。

② **六合**:上、下、四方曰"六合"。

③ **二谛**:即真、俗二谛。

④ **三空**:我空、法空、我法俱空,合称三空。

⑤ **六度**:即大乘佛教以六种基本方法自度度人,布施、持戒、忍辱、精进、禅定、般若。

⑥ **赤眉**:即西汉末农民起义军。

⑦ **髡**:古代一种剃去头发的刑罚。

⑧ **搢绅**:亦作"缙绅""荐绅"原指古代高级官员的装束,后多指士大夫。

⑨ **李叟**:即老子。

⑩ **接舆**:传说为春秋时楚国的隐士,佯狂避世,因其迎孔子之车而歌,故称接舆。

⑪ **猃狁**:古族名,主要分布在今陕西、甘肃北境及内蒙一带。

⑫ **伯阳**:老子字伯阳,此指才子。

⑬ **四禅**:指用以治惑并生诸功德的四种根本禅定。亦即指色界中之初禅、第二禅、第三禅、第四禅,故又称色界定。

⑭ **六趣**:即六道,天、人、阿修罗、畜生、饿鬼、地狱。

⑮ **柱史**:指老子。

⑯ **虎竹**："虎"即虎符，"竹"即竹使符，二者均是调兵之信物。"虎竹"指兵符。

⑰ **离朱**：古代著名之明目者。

译文

有道士作《三破论》，义浅辞鄙。虽说至理为思想深刻者所赞赏，而流言只能迷惑那些浅薄之人，像《三破论》这样的委巷鄙说，本来不足为辨，但又担心这些流言的散布会混淆视听，故简撮其中所说的比较主要的几点，略加以剖析、驳斥。

《三破论》称："道家之教，妙在于精思得一，不死而入圣；而佛教之妙，在于三昧神通，希冀无生，以死为涅槃。从来未见学死之学能得不死之妙果。"《灭惑论》曰："佛道二教之真伪优劣，是很容易辩论清楚的。佛法注重炼神，道教注重炼形。有形之东西，都存在于具体的事物之中，最终必定会毁灭。而神识无穷，弥漫于六合之外。聪明的资以无穷，教人以智慧；而愚昧者则迷恋于必定会灭亡的东西，骗以仙术、药饵之类，以期长生不死。佛教的智慧始于禅观。禅观能锻炼真识，真识得到锻炼则可望证得涅槃境界。而依靠药饵等骗人的东西，则羽化登仙遥遥无期。不难想见，如果放弃智慧而注重养生，即使能飞腾升天，其与禽、鸟之类又有什么区别呢？而涅槃妙果，其道常存，岂是《三破论》所说的所谓学死之学？"

《三破论》称："如果说太子（即释迦牟尼）是教主，考诸佛教史料，释迦牟尼自身也不曾落发，而现在的佛教却要人剃光头；释迦牟尼自身也曾经娶妻，而现在的佛教却不许僧侣娶妻生子，定要让人绝后，这岂不是十分可笑！由此可见，佛教是灭恶之术也。……"《灭惑论》曰："释迦牟尼出家之后则弃妻落发，这在佛经上有明文记载，《三破论》的作者怎么就视而不见、信口胡说呢？佛家所说的孝，其所包涵是很广的，理由乎心，而非系于发，如果弃心而爱发，又如何谈得上孝呢？过去泰伯、虞仲断发文身，却受到了孔子的一再赞扬。世俗之贤人圣者，本来应该是比较注重世俗的礼教的，但泰伯和虞仲的断发让国，却受到孔子的赞扬，何况佛教乃出世之学，注重觉悟，强调割舍世俗之情爱，所以主张舍发取道，弃迹求心。既然赞扬两贤人之文身落发为美德，怎么对佛教之落发出家就如此大惊小怪了呢？"

《三破论》中说佛教的第一破是"入国而破国"，并说："佛教尽以诳言惑众，造寺建塔花费无度，使百姓受苦，国家贫穷，民众减少，国力衰竭，加之，那些出家之僧侣之都不蚕而衣，不耕而食，长此以往，则国灭人绝。凡此种种，都是百害而无一利，五灾之害，也无过于此。"《灭惑论》曰："佛教的义理通达圆融，穷理尽妙，故明真俗二谛以遣有，辨我法俱空以标无，以四无量心明其慈悲利人，以六度济众于三界苦海。《三破论》之诋毁又岂能损佛教之丝毫？至于建寺造塔，弘扬教化，功在一时而道被千载，其功德更是无可度量。过去夏禹大会诸侯，天下太平，后起战乱，仅存七国。更始年间，政治安定，民户渐多；至赤眉兵乱，千里无烟，国灭人绝，这一切难道也是因佛教所致不成？宗索之时，一石谷子值十万钱，而景、武年间，粮食多得吃不完，并非秦末多沙门而汉初无佛教使然。验诸古今很多历史事实，佛教有损国治、入国而破国又何从谈起呢？"

《三破论》指责佛教的第二破是"入家而破家"，并说："佛教使得父子殊事，兄弟异法，远离双亲，孝道断绝，忧乐各异，歌哭不同，骨肉生仇，伦常永弃，有背孝道，违反礼教之最甚者，实莫过于佛教。"《灭惑论》曰："孝理就其终极意义上说，是没有道俗之分的，虽然从表面上看，内外的表现形式不尽相同，但其实质是一样的。如果作为俗家子弟，固然应该修习儒家礼教，如果出家修习出世之道，则应该把教与道业统一起来。所以《法华经》中明文记载，想要出家，应该征询双亲的意见；在家修行，则《维摩诘经》提供了很好的榜样。可见，佛教并非忘本而不讲孝道。然古之圣人皆照悟神理，而鉴烛人世，故有诸如光阴如白马过隙及'逝者如斯夫'之类的感叹。这些都是明了世事川流不住、万物瞬息即逝的道理，故知道为人在世，虽然能尽一时之瞻养，但郤丝毫无济于幽灵；而学道拔亲人之苦难于根本，则能使亲人之冥苦永除。正因为这样，所以佛教去彼世俗之供养而取修道以济亲。至于服制诸礼，亦是随着时代的变化而不断变化的。历史上许多礼制之设，虽然从根本上说，是以心为依据，但各代都有各代的特点且代代相互沿袭。过去三皇时代，最是治世，为尧舜所崇仰、羡慕。但其时之丧礼，亲人死了则用柴草裹着尸体，把他们埋葬在原野之中，也无碑铭之类的东西，难道可以因此责怪三皇教民弃孝不成？到了五帝时，开始有服制之设，不曾听说过尧舜以五帝之时的礼制去责怪三皇时代的做法。既然如此，为什么独独对于佛教横加责难呢？佛教之不讲世俗的服丧之礼，盖因佛教注重拔苦于根本；而三皇时代之废丧，则是当时崇尚淳朴。崇尚淳朴不加责怪，而对佛教之注重拔苦大加指责，此真所谓朝三暮四，喜怒无常也。明明知道圣人之教是圆融通达的，三皇以淳朴而无服丧之礼，五帝则沿情而设制丧礼，至于佛教，因注重拔苦而倡弃俗反真。虽然表现形式各有不同，但其实质多有共通之处。"

《三破论》指责佛教的第三破是"入身而破身"，并说："佛教的许多做法，对于人身，一有毁伤之苦，二有剃头之罚，三有不孝之逆，四有绝种之罪，五有亡体从诫，唯学不孝。为什么这么说呢？例如，佛教教人不跪父母，僧侣们便一一照做。如果儿子先出家为僧，其母亲后出家为尼，则母亲应该向其儿子礼拜。如此不讲礼仪之教，中国应该灭绝它，怎么可以尊崇它呢？"《灭惑论》曰："众生之来到这个世界，一切都是由前世之业果所定，所以释迦牟尼出世，化洽人天，御国统家，弘道化俗，不曾听说普世之人一同出家。只是由于缘感不一，所以教门有二，儒家、佛教之区别所以生也。但是，如欲超尘脱俗，始自戒定。而妻子乃爱欲之累，而发者形体之修饰。爱累伤神，而形饰乖道。所以欲澄神须灭爱，欲修道则应弃饰，佛教之重澄神修道，故所教必定与世俗不同。至于不跪，此乃以道为尊的缘故。父母之所以尊礼修道的儿子，乃是尊道的表现。例如有因儿子金榜高中、衣锦还乡时，母亲跪而拜之，盖因喜其备德，所以以尊拜卑。有些武士，见君不下跪，盖因重其秉武，故尊不加于君也。凡此皆因其时、势使然，故有母亲跪拜儿子、武士不拜君王之仪。世俗之礼教，乃周、孔所制，其尚且有如此多之变通做法，何况佛道之尊，超出三界，世俗的礼教既可以有前述之冠胄之礼，且自古以来，无人有异议，而对于佛教之礼仪（指母拜子等），为什么就如此横加责难呢？"

《三破论》称："佛，早传之佛经译为'浮屠'，至鸠摩罗什时才翻为'佛徒'，这是因为罗什知道佛教源于恶，才把'浮屠'改为'佛徒'。佛徒之名为'浮屠'，盖因西域、天竺之人，本性凶恶，所以老子称化其始。不想伤其形，故只剃光其头发。'浮屠'即屠割之意。至僧祛后，又改为'佛图'。至于'沙门'者，旧经本译为'丧门'。'丧门'者，亦即死灭之门，盖因其教主张'无生'，故名为'丧门'。至罗什又改为'桑门'，而僧祛更改为'沙门'。亦即沙汰之法也。"《灭惑论》曰："汉明帝时，佛经开始传入中土，其时，音字未正。'浮'字之音，与'佛'字相近，'桑'字之音，与'沙'字相近，此皆因发声之误所致。至于把'图'译为'屠'，乃字之误也。鸠摩罗什精通汉语和西域少数民族的语言，识兼音义，改正先前译经的错讹，使译文更为准确。五经世典，不必经过翻译，但到了马融、郑玄为五经作注解时，也出现了许多互改字音的现象。所以大教之真义，不在于个别之字音。得意忘言，此乃是庄子所提倡的；而以文害志，则曾遭到孟子的反对。

不依据大道理，而在个别字音上大做文章，实在不是通达人之所为。"

《三破论》称："如此三破之法，不应在中国传布，而应该立即退回西域。为什么这么说呢？西域之人，无义无礼，凶悍刚强，与禽兽没有多大差别，又不信虚无之学说，老子入关后，才作形像之教以化之。"又说："西域人粗犷，欲断其恶种，所以才制定出男不娶妻、女不出嫁的仪戒。如果一国之人都依从佛法，国人自然很快就灭绝了。"《灭惑论》曰："自从释迦牟尼佛于双树林下入灭之后，佛徒为了怀念他，才开始出现雕塑佛像加以崇拜的事，并使佛法一代一代流传下去。至于老子出关，时间当在周朝末期，世道衰落，故贤者隐没，接舆避世，也难查询其踪迹，何况出关到外域去，又有谁能知其行踪呢？一些奸猾之徒，伪造《老子化胡经》，理拙辞鄙，谬相流传。实际上，西域、天竺之人，生性怯弱，而北方的少数民族，则十分凶悍。如果老子为了灭恶，怎么却喜欢北方凶悍之族而欲灭绝西域怯弱之民呢？遂使野蛮之人横行，而使怯弱之民遭殃，豺狼当道而狐狸受诛，即便是商鞅之法，也未必如此残虐。老子之道，怎么会是这样呢？如果西域之人尚未开化，即使是像教也是徒设，而如果已经信服教化，自不应当再横加杀戮。既已服教又欲加刑，足见《三破论》所说极是荒唐。"

《三破论》称:"为什么三皇、五帝乃至三王之门徒,长期以来一直崇尚并修习道业,而从来不曾听说过有关佛教感应之事?是因为佛教是一种好的教化而三皇、五帝乃至三王都忽视了它呢?抑是其时佛教尚未产生?如果当时尚未有佛教,可知佛教乃是邪伪之教。"《灭惑论》曰:"神通变化,教体非一;灵应感会,隐现无际。如果缘在妙化,则菩萨弘其道;若化在粗缘,则世俗之圣帝演其德。世俗之圣帝和出世之菩萨,随感应现,虽然教名不同,但不无相互契合之处。可见,三皇以来,机缘未熟而佛教隐,汉明帝之后,机缘成熟而佛教东来。如果说三皇德化,五帝仁教,此之谓道,似非最为远古的。伏羲、神农之世,未曾出现奏章;而尧、舜为政,也未有书符,商汤、周武时代,更未见药饵,五经典籍,更未语及天师,为何独独责难于佛教呢?"

《三破论》称:"道以气为宗,名为得一。中原人士,无不信奉道教。有信佛教者,必是羌、胡等少数民族。如果说是正道,那又要以什么来奉佛?"《灭惑论》曰:"至道宗极,理归乎一;妙法真境,本来无二。佛教之极致者,空玄无形,而万象并应;寂照无心,而玄智弥照。幽数潜会,莫见其极,冥功日用,不识其然。对于森罗万象,寄以假名,在印度称为'菩提',在汉地称为'道'。其应化显迹,则金容表圣;应俗,则出生于王宫。以四禅拔除众生的愚昧,以十地阶次使众生逐渐增进智慧。举凡一切有情都普加教化,对于所有众生都慈悲为怀。那些权便之教门,普对道俗二界,微妙大法,岂会因地域、民族的差别而受阻隔?所以佛以一音演说法,虽译本不同而其解可通,虽有不同的经典而旨趣同归。经典只是一种权便设施,故有儒释二教之分,但其思想多相符契,领会了二者之妙义旨趣,则中土、印度虽然语言悬隔而教化可以相通。但是由于感应有精粗之别,故教有道俗之分;地有东南西北之殊,故有彼此之不同国度。但就其弥纶神化,陶冶群生方面说,则没有什么差别,所以能够统拔六道众生,总摄三千大千世界。'道'之可贵者是至极,法之最可贵者是至尊。但至道只有一个,而其它的诸如九十六外道等,则都是歧路生迷。如果只从名称上去看,则容易邪正难辨;但若能验之以法,则真假自分。就道家说,其所立法,共有三品,上标老子,次述神仙,下袭张陵。就其尊为宗祖之老子说,还可算得上是个贤人隐士,其著书论道,崇尚虚无,理归静一,化本虚柔。老子其人其学已好几百年默默无闻,其《道德经》虽不失为导俗之良书,但尚不是出世之妙经。至于神仙小道,虽以五通神仙相标榜,自称福极可羽化登仙,上生天堂,但就其神通说，仍属有漏之境界，即使寿命再长，也不可能长生不死。而且这种神通也是修业积德所致，而非药饵之功，一些奸猾之道士常常欲以道术鱼目混珠。再其下之张陵米贼及葛洪炼丹道士，则只以升天及成仙骗人，这虽然能欺骗一些愚昧之徒，但聪明人是绝不会上当的。

"当今之道教虽以老子为宗祖，但其行为、思想却大多与老氏之学背道而驰；至于仿效神仙之谈，则多是拙劣至极。道教中之上品如老子之学，尚算不得了什么，其下之张陵等，靠咒术、药饵、符水等，欲拯救三界之众生，更是海外奇谈，此有如蚊蚁欲背起大山，可能吗？号称大道，而实际上俗不可耐，自我标榜为太上之法，实际上至愚至拙。为什么这么说呢？希望长寿而惧怕夭折，这是有情众生的共同特点，道教正是利用这一点而诱以仙草灵芝之药，骗以升天长生之说；利用凡愚众生之好色恋情，故以黄书御女，诳称地仙；保真养生，人之共爱，故诱以珍惜唾液，以灌灵根；避灾苦病，民之常患，故以驱鬼治病，以快愚情；凭威恃武，乃是旧俗，故诱以吏兵钓骑，以动浅心；至于消灾淫术，各种奸方，更是污秽无比，不堪落笔。凡此等等，不一而足。所以张角、李弘，毒流汉季；卢悚、孙恩，乱于晋末。余波所及，危害无穷。虽非王侯，而轻立民户；既非朝廷文武官员，却滥征租税。糜费无度，蛊惑人心，乱世则害国，治世则蠹民，乱政败俗，怎能与佛教同日而语？再者，如《涅槃》那样的妙典，岂是《上清经》之类的经典所可比拟的？佛菩萨之庄严妙相，怎么会欣羡鬼窟空屋？释迦佛之降伏天魔，也不需要那种咒语、邪术，净修戒行，岂同于毕券之丑？发各种宏大誓愿于自心，亦非道教藏宫将于丹田所可比附；响亮的梵呗洪钟，岂如道教之鸣天鼓于唇齿？就拿这些比较表面的现象说，佛道二教之孰精孰粗已是一目了然；如若从义理方面细加比较，二者之孰真孰伪就更昭然若揭了。如果想以粗笑精，以伪谤真，则真有如瞎子在对离朱说：'我之眼睛比你的眼睛更为明亮。'"

18　答道士假称张融三破论

刘宋·僧顺

原典

论云："泥洹①是死，未见学死而得长生，此灭种之化也。"

释曰："夫生生之厚至于无生，则张毅、单豹②之徒是其匹矣。是以儒家云：'人莫不爱其死而患其生'，老氏云：'及吾无身，吾有何患？'庄周亦自病痛其一身。此三者圣达之流，叵以生为患。夫欲求无生莫若泥洹。泥洹者无为之妙称。谈其迹也则有王宫③双树④之文，语其实也则有常住常乐之说。子方轮回五道⑤，何由闻涅槃之要？或有三盲摸象，得象耳者，争云象如簸箕，得象鼻者，争云象如舂杵。虽获象一方，终不全象之实。子说泥洹是死，真摸象之一盲矣。"

论云："太子不废妻使人断种。"

释曰："夫圣实湛然，迹有表应。太子纳妃于储二⑥者，盖欲示人伦之道已足，遂能弃兹大宝，忽彼恩爱耳。至如诸天夕降，白骥飞城，十号之理斯在，何妻子之可有哉？且世之孥孺为累最深。饥寒则生于盗岖，饱暖则生骄奢，是以疠⑦妇夕产，急求火照，唯恐似己复更为疠。凡夫之种，若疠产焉。经云：'一切众生皆有佛性。'仰寻此旨则是佛种，舍家从道，弃疠就佛，为乐为利。宁复如子，迷于俗韵，滞于重惑，梦中之梦？何当晓矣！"

论云："太子不剃头使人落发。"

释曰："在家则有二亲之爱，出家则有严师之重。论其爱也，发肤为上，称其严也，剪落为难，所以就剃除而钦。若辞父母而长往者，盖欲弃此烦恼，即彼无为。发肤之恋，尚或可弃，外物之徒，何可惜哉！不轻发肤，何以尊道？不辞天属，何用严师？……"

论云："子先出家母后作尼，则敬其子，失礼之甚。"

释曰："出家之人，尊师重法，弃俗从道，宁可一概而求。且太子就学，父王致敬，汉祖善嘉命之言，以太皇为臣，魏之高贵敬齐王于私室，晋之储后⑧臣厥父于公庭。引此而判，则非疑矣！"

论云:"剃头为浮图⑨。"

释曰:"经云:'浮图者,圣瑞灵图,浮海而至,故云浮图也。'吴中石佛泛海倏⑩来,即其事矣。今子毁图像之图,为刑屠之屠,则泰伯⑪端委⑫而治,故无惭德,仲雍⑬剪发文身,从俗致化,遭子今日,必罹吠声之尤。事有似而非,非而似者,外书以仲尼为圣人,内经云,'尼者',女也。或有谓仲尼为女子,子岂信之哉?犹如屠图之相类,亦何以殊?"

论云:"丧门者,死灭之门。"

释曰:"门者,本也,明理之所出入,出入从本而兴焉。释氏有不二法门,老子众妙之门。《书》云:'祸福无门,皆是会通之林薮,机妙之渊宅。'出家之人得其义矣。丧者灭也,灭尘之劳,通神之解,即丧门也。丧当为乘字之误耳。乘门者,即大乘门也。烦恼既灭,遇物斯乘故。先云灭门,末云乘门焉,且八万四千,皆称法门,奚独丧桑二门哉!"

论云:"胡人不信虚无,老子入关故作形像之化也。"

释曰:"原夫形像,始立非为教本之意,当由灭度之后,系恋罔已,栴檀香像,亦有明文。且仲尼既卒,三千之徒,永言兴慕,以有若之貌,最似夫子,坐之讲堂之上,令其讲演,门徒谘仰,与往日不殊。曾参勃然而言曰：'子起，此非子之座。'推此而谈思仰可知也。罗什法师生自外方，聪敏渊博，善谈法相，縕负佛经，流布关辅，诠以真俗二名，验以境照双寂，振无为之高风，激玄流于未悟，所谓遣之至于无遣也。子谓胡人不信虚无，诚非笃论。君子自强，理有优劣，不系形像。子以形像而语，不亦攻乎异端？"

论云："剃头本不求佛，为服凶胡。今中国人不以正神自训，而取顽胡之法。"

释曰："夫六戎五狄，四夷八蛮⑭，不识王化，不闻佛法者，譬如畜生，事殚八难。方今圣主隆三五之治⑮，阐一乘之法，天人同庆，四海欣欣，蚑行喙息，咸受其赖，喘蠕之虫，自云得所。子脱不自思，厝言云云，宜急缄其舌，亦何劳提耳。"

论云："沙门者，沙汰之谓也。"

释曰："息心达源，号曰沙门。此则练神灈秽，反流归洁，即沙汰之谓也。子欲毁之，而义愈美，真可仰之弥高，钻之弥坚者也。"

论云："入国破国。"

释曰："夫圣必缘感，无往非应。结绳⑯以后，民浇俗薄。末代王教，诞扬尧孔，至如妙法所沾，固助俗为化，不待刑戮而自淳，无假楚挞而取正。石主师澄而兴国，古王谘勃以隆道，破国之文，从何取说？"

论云:"入家破家。"

释曰:"释氏之训,父慈子孝,兄爱弟敬,夫和妻柔,备有六睦之美,有何不善,而能破家?唯闻末学道士,有赤章咒咀,发擿阴私,行坛披发,呼天引地,不问亲疏,规相厌杀,此即破家之法也。"

论云:"入身破身。"

释曰:"夫身之为累,甚于桎梏,老氏以形骸为粪土,释迦以三界为火宅。出家之士,故宜去菁华⑰,弃名利,悟逆旅⑱之难,常希寂灭之为乐。流俗之徒,反此以求全,即所谓杀生者不死,生生者不生也。近代有好名道士,自云神术过人,克期轻举,白日登天,曾未数丈,横坠于地。迫而察之正大鸟之双冀耳,真所谓不能奋飞者也。验灭亡于即事,不旋踵而受诛。汉之张陵,诬謿贡高,呼曰米贼,亦被夷剪。入身破身,无乃角弓乎?"

论云:"歌哭不同者。"

释曰:"人哭亦哭,俗内之冥迹,临丧能歌,方外之坦情。原壤⑲丧亲登木而歌,孔子过而不非者,此亦是名教之一方耳。"

论云:"不朝宗者。"

释曰:"孔子云:'儒有上不臣天子,下不事公侯。'儒者,俗中之一物,尚能若此,况沙门方外之士乎!昔伯成子、高子州、支伯且希玄慕道，以不近屑人事。"

论云："剃头犯毁伤。"

释曰："发肤之解，具于前答，聊更略而陈之。凡言不敢毁伤者，正是防其非僻触冒宪司，五刑所加致有残缺耳。今沙门者服膺圣师，远求十地[20]，剃除须发，被服法衣，立身不乖，扬名得道，还度天属，有何不可，而入毁伤之义？守文之徒，未达文外之旨耳。轮扁[21]尚不移术于其儿，予何言哉！"

注释

① **泥洹**：即涅槃，佛教中最高之境界。小乘佛教以断尽烦恼、灰身灭智为涅槃，大乘佛教以体证佛性为涅槃。

② **单豹**：古人名。《庄子·达生》曰："鲁有单豹者，岩居而水饮，不与民共利，行年七十，而犹有婴儿之色。不幸遇饿虎，饿虎杀而食之。……豹养其内，而虎食其外。"

③ **王宫**：指释迦牟尼诞生于王宫为太子。

④ **双树**：指释迦牟尼在双林树下入灭。

⑤ **五道**：指有情众生五个往来之处，地狱道、饿鬼道、畜生道、人道、天道。

⑥ **储二**：犹"储君""储副"，指被确认为君位的继承者。

⑦ **疠**：即麻风病。

⑧ **储后**：太子之别称。

⑨ **浮图**：亦作"浮屠""佛图""休屠"等，即梵语"佛陀"之讹译。

⑩ **倏**：忽然的意思。

⑪ **泰伯**：古人名。周太王长子，周文王之伯父。

⑫ **端委**：朝服之端正而宽长者曰端委。

⑬ **仲雍**：泰伯之弟。传说他与其兄泰伯奔避荆越，断发文身。

⑭ **六戎五狄，四夷八蛮**：均指中原之外边远地区的少数民族。

⑮ **三五之治**：指三皇五帝之治。

⑯ **结绳**：原指文字产生之前的一种记事方法，后泛指步入文明社会之前的先民时代。

⑰ **菁华**："菁"为细竹之名，"华"指花，亦即细竹之花，此指表面上的东西。

⑱ **逆旅**：迎止宾客之处，即客舍。《庄子·山木》曰："阳子之宋，宿于逆旅。"

⑲ **原壤**：春秋时鲁国人，孔子之旧友。相传其母死时不哭而歌。

⑳ **十地**：即佛教修行的十个阶次。有多种十地说，如声闻之十地、辟支佛十地、佛十地等等。

㉑ **轮扁**：古代斫轮的名匠，名扁，后用作名匠高手的代称。

译文

《三破论》称："佛教所追求的最终目标是涅槃。而涅槃乃死之谓，未曾听说修习死亡之学而得长生，此实断种之教。"

释曰："世上万物，有生则有灭，只有无生才是最根本的。举凡追求长生不死之人，最终还是免不了一死，这有如张毅、单豹之辈，虽然善于养生，最终还是免不了死亡。所以儒家说：'人无不爱其死而患其生。'老子也说：'如果我没有了肉体之身，还有什么可烦恼、忧患的呢？'庄子也对身体取厌弃的态度。此三者均是圣贤之流，皆以人生为大患。而真正能远离生死而证入无生的，莫过于佛教的涅槃。涅槃乃不生不灭之无为法。从现象角度去谈论它，则有释迦牟尼佛生于王宫和双树下入灭之文；就其实质说，则有涅槃的常、乐、我、净四德。你正在地狱、饿鬼、畜生、人、天等五道中轮回，怎么可能知道涅槃之要义主旨？这有如瞎人摸象，各执其一端，摸到象耳朵的人说：'象有如簸箕。'摸到象鼻子的人说：'象有如春杵。'虽然各得其一端，但都未能得其全体。你刚才说佛教的涅槃是死,无异于瞎人之摸象。"

《三破论》称:"太子(即释迦牟尼)自身尚娶妻生子,但后来的佛教却不许僧人娶妻生子,成为断种之教。"

释曰:"举凡圣人,都十分圆应融通。太子所以娶妻生子,盖欲显示已经具足人伦之道,而又能弃此人伦之恩爱,成为人天之导师。其实,人之在世,妻子儿女之拖累为最深。饥寒则易沦为盗贼,富足则常生骄奢,有些患有麻风病的妇女在晚上生产时,当孩子刚生下来,就急着找灯照看所生的孩子,生怕所生的孩子与自己长得一样,用心可谓良苦。凡夫俗子之受世情之牵累皆类此。佛经上说:'一切众生都有佛性。'能懂得此中之道理即是佛种,应舍家从道,弃疠就佛,为乐为利。怎能像你那样沉迷于世俗之情,执着于梦中之梦?如此,不知何时才能觉悟哦!"

《三破论》称:"太子自己也不曾剃光头,后来的佛教却要僧尼剃掉头发。"

释曰:"在家则有双亲之爱,出家则有尊师之仪。就对双亲之爱敬说,肤发为上,而从尊师之仪说,则落发为难。出家之所以要剃除头发,盖因受之父母之发肤尚可弃除,其它的东西又何足惜呢?如果连头发都舍不得剃除，又如何尊其道？如不能放弃世俗之恩爱，又如何严其尊师之仪？……"

《三破论》称："太子自己先出家，而其母后来才当比丘尼，礼敬自己的儿子，此乃失礼之甚矣。"

释曰："出家之人，尊师重法，弃俗从道，不可一概而求。在中国历史上也有不少以太子为君而以太皇为臣、以储后（即太子）为君而以其父为臣的例子，与世俗的这种现象相比照，太子先出家而其母后为尼又何足为怪呢！"

《三破论》称："剃头即为浮图。"

释曰："佛经上说：'浮图者，也就是圣瑞灵图浮海而至的意思，故称浮图。'如东吴年间石佛忽然泛海而来，即其事也。现在你改图像之'图'为屠杀之'屠'，这又怎能损害于佛教呢？上古之泰伯身端治正故无惭德，仲雍文身断发从俗致化其功不容抹杀，但如果照你对待佛教的这种逻辑去对待他们，说不定也会遭到你的谴责。世上的事，常常有似是而非和似非而是者，如世俗的经典都称仲尼为圣人，但佛经上之'尼'，则是指比丘尼。难道可以把这二者混为一谈吗？把浮屠与浮图相混则类此。"

《三破论》称："佛教亦称丧门。丧门者，即死灭之门。"

释曰:"所谓'门'者,也就是'本'的意思,昭明理之所出入,出入从本而兴。如佛教有'不二法门',老子有'众妙之门'。《尚书》上说:'祸福无门,都是各人所做善恶诸业感应的结果。'出家之人最是得其真义要旨。所谓'丧'者,即'灭'也,灭尘劳烦恼而通神者即是丧门之谓。有些俗书所说的'桑'字,当是'乘'字之误。所谓'乘门',即大乘门也。烦恼既灭,遇物斯乘故。《三破论》的作者只语及'丧门',而不曾语及'乘门'。实际上,佛教中有八万四千法门,又何止'丧''乘'二门呢?"

《三破论》称:"胡人不信虚无,老子入关化胡,故作形像之化。"

释曰:"像教本非出自释迦佛之本怀,而是佛陀入灭后,信徒们出于对佛祖之怀念,而开始雕造栴檀香佛像以礼拜,这在佛经上有明文记载。这种现象在儒家方面也不乏其例,如仲尼死后三千弟子都十分怀念,因有若之像貌最似孔子,大家遂让他坐于讲堂之上,请他讲演弟子纷纷向他请教,与孔子在世时的情形一模一样。曾参认为这是对孔子的亵渎,勃然大怒,叫有若马上离开讲席,说这不是你的座位,由此可以看出弟子们对于先师的思仰之情。另,鸠摩罗什法师生于西域,学识广博,善谈法相,携带了许多佛经来关中弘法,诠释真俗二谛，大阐空宗思想，振无为之高风，与当时之玄学相互激扬。你说西域、印度人不懂得虚无的思想，这是不切合实际的。君子注重自强，道理自有优劣，虚无之论本不着形像，而你又说老子入关作形像之化，这不是自相矛盾吗？"

《三破论》称："剃头本不求佛，主要是屈服于凶悍之胡人。中国人不以自己传统的正神以自训，而取胡顽之法，实在不足取。"

释曰："边远地区的许多少数民族既不识王道教化，也不懂得佛法，与禽兽畜生没有什么根本的差别。当今的圣上倡三皇五帝之德治，大弘佛教一乘之教化，天人同庆，四海欢歌，一切众生，咸蒙圣恩法慧。你却信口雌黄，一派胡言，应该赶快闭上你的嘴。"

《三破论》称："沙门者，沙汰之谓也。"

释曰："所谓沙门者，乃息心达源之谓，亦即修炼精神，涤除污秽，返归洁净之意，而所谓'沙汰'，也正是这个意思。你本想诋毁佛教，无意之中却在赞美佛教，真可谓'仰之弥高，钻之弥深'。"

《三破论》称："佛教入国而破国。"

释曰："历代之圣人，都是应时代之机缘而出现的。自从步入文明社会之后，人心不古，民风渐薄。后来之圣王大扬尧、孔之教化，而使得民智渐开，道德日盛，至于佛法传至中土后,一直佐助王道教化,使得不待刑罚而民风而自淳正。石勒、石虎叔侄为王时,师事佛图澄,而国家得到兴旺,许多帝王也因佛法有益国治而崇弘佛教,佛教入国破国之谈又何从说起呢?"

《三破论》称:"佛教入家而破家。"

释曰:"佛教向来教导世人应该父慈子孝、兄爱弟敬、夫和妻柔,兼备六睦之美,有什么不善之处,而致于破家?只有听说过道教徒经常尔虞我诈,互相倾轧、残杀,这才真正是破家之法。"

《三破论》称:"佛教入身而破身。"

释曰:"身体之为累,有甚于桎梏,老子以形骸为粪土,释氏以三界为火宅,出家之人,本就应该抛弃名利及一切有形相的东西,觉悟六道轮回之苦难而追求寂灭之境界。世俗末流与此相反,往往追求全生不死。例如近代有位好求虚名的道士,自称神术过人,不久则能轻举飞升,有一天则当众表演升天之术,结果未飞多高就坠落于地。近前一看,原来他之飞升乃借助于大鸟之双翼,真所谓不能奋飞者也。这种欺世盗名之士,非但不能轻举飞升,而且即刻死于非命。再如东汉之张陵,以妖术惑众,人称'米贼',结果亦被诛杀。这类道法,才真是入身而破身。"

《三破论》称:"佛教入家破家,使孝道断绝,歌哭不同。"

释曰:"遇丧事悲痛欲绝,放声痛哭,这属世俗之凡情,遇亲人去世而能鼓盆而歌,此属方外之坦情。孔子的朋友原壤在其母亲去世时登木而歌,这显然违背儒家之礼教,但孔子却没有对他多加非难,此也是名教的一种特殊的表现。"

《三破论》称:"佛教不朝宗。"

释曰:"孔子说:'儒家可以上不臣天子,下不事公侯。'儒家乃是世俗之教,尚且能够做到这样,何况佛教是出世之教,当然更应该不参预世事!过去伯成子、高子州、支伯等尚且能希玄慕道,而不屑于世俗人事。"

《三破论》称:"佛教之剃头落发,违犯了'身体发肤,不可毁伤'之礼教。"

释曰:"有关佛教剃头落发与传统之'身体发肤,不可毁伤'礼教之相互关系,我在前面已有论及,这里再简单说几句。凡说'不可毁伤'者,乃指平时应该防非止恶,不要因为犯法等而身体遭到刑罚。而佛教之剃头落发,身披法服,服膺圣道,远求十地,立身端正,扬名得道,利己度人,于己于人多有利益,又怎么会犯'毁伤'之义呢?这实是滞守文句之徒不懂得文外之旨罢了。像轮扁那样的名匠尚且不把技术传授给自己的儿子,我又有何必要再多说呢!"

19　弘明集后序

梁·僧祐

原典

余所集《弘明》，为法御侮。通人雅论，胜士妙说，摧邪破惑之冲，弘道护法之堑，亦已备矣。然智者不迷，迷者乖智。若导以深法，终于莫领，故复撮举世典，指事取征。言非荣华，理归质实，庶迷涂之人，不远而复。总释众疑，故曰"弘明"。

论云："夫二谛差别，道俗斯分。"道法空寂，包三界以等观，俗教封滞，执一国以限心。心限一国，则耳目之外皆疑。等观三界，则神化之理常照。执疑以迷照，群生所以永沦者也。详检俗教，并宪章①《五经》，所尊唯天，所法唯圣。然莫测天形，莫窥圣心，虽敬而信之，犹蒙蒙弗了。况乃佛尊于天，法妙于圣，化出域中，理绝系表。肩吾②犹惊怖于河汉，俗士安得不疑骇于觉海哉！既骇觉海，则惊同河汉。一疑经说迂诞，大而无征；二疑人死神灭，无有三世；三疑莫见真佛，无益国治；四疑古无法教，近出汉世；五疑教在戎方，化非华俗；六疑汉魏法微，晋代始盛。以此六疑，信心不树。将溺宜拯，故较而论之。

若疑经说迂诞，大而无征者，盖以积劫不极，世界无边也。今世咸知百年之外，必至万岁，而不信积万之变，至于旷劫，是限心以量造化也。咸知赤县③之表，必有四极④，而不信积极之远，复有世界，是执见以判太虚也。昔汤问革曰："上下八方有极乎？"革曰："无极之外，复无极；无尽之中，复无尽。朕是以知其无极无尽也。"上古大贤，据理酬圣，千载符契，悬与经合。井识之徒，何知得异？夫以方寸之心，谋己身而致谬；圆分之眸，隔墙壁而弗见。而欲侮尊经、背圣说、诬积劫、罔世界，可为憨伤者一也。

若疑人死神灭，无有三世，是自诬其性灵，而蔑弃其祖祢也。然则周、孔制典，昌言鬼神。《易》曰："游魂为变，是以知鬼神之情状。"既情且状，其无形乎？《诗》云："三后⑤在天，王配于京。"升灵上旻，岂曰灭乎？《礼》云："夏尊命，是（'是'应作'事'）鬼敬神。"大禹所祇⑥，宁虚诞乎？《书》称周公代武，云能事鬼神。姬旦祷亲，可虚罔乎？苟亡而有灵，则三世如镜，变化轮回，孰知其极？俗士执礼，而背叛《五经》，非直诬佛，亦侮圣也。若信鬼于《五经》，而疑神于佛说，斯固聋瞽之徒，非议所及，可为哀矜者二也。

若疑莫见真佛，无益国治，则禋祀望秩，亦宜废弃。何者？苍苍积空，谁见上帝之貌？茫茫累块，安识后祇之形？民自躬稼，社神何力？人造庸畷[7]，蜡鬼奚功？然犹盛其牺牲之费，繁其岁时之祀者，岂不以幽灵宜尊，教民美报耶？况佛智周空界，神凝域表。上帝成天，缘其陶铸之慈；圣王为人，依其亭育之戒。崇法则六天咸喜，废道则万神斯怒。今人莫见天形，而称郊祀有福，不睹金容，而谓敬事无报，轻本重末，可为震惧者三也。

若疑古无佛教，近出汉世者，夫神化隐显，孰测始终哉？寻羲、农缅邈，政绩犹湮，彼有法教，亦安得闻之？昔佛图澄，知临淄伏石有旧像露盘；犍陀勒见槃鸱山中，有古寺基墟；众人试掘，并如其言。此万代之遗征，晋世之显验，谁判上古必无佛乎？《列子》称周穆王时，西极有化人来，入水火、贯金石、反（"反"应作"厉"）山川、移城邑、乘虚不坠、触实不碍、千变万化，不可穷极；既能变人之形，又且易人之虑，穆王敬之若神，事之若君，观其灵迹，乃开士⑧之化。大法萌兆，已见周初，感应之渐，非起汉世，而封执一时，可为叹息者四也。

若疑教在戎方，化非华夏者，则是前圣执地以定教，非设教以移俗也。昔三皇无为，五帝德化，三王礼形，七国权势，地当诸夏，而世教九变。今反以至道之源，镜以大智之训，感而遂通，何往不被？夫禹出西羌，舜生东夷，孰云地贱而弃其圣？丘欲居夷，聃适西戎，道之所在，宁选于地？夫以俗圣设教，犹不系于华夷，况佛统大千，岂限化于西域哉？案《礼王制》云："四海之内，方三千里。"中夏所据，亦已不旷。伊洛本夏，而鞠为戎墟；吴楚本夷，而翻成华邑。道有运流，而地无恒化矣。且夫厚戴无疆，寰域异统，北辰⑨西北，故知天竺居中。今已区分中土称华，以距正法，虽欲距塞，而神化常通，可为悲凉者五也。

若疑汉魏法微，晋代始盛者，道运崇替，未可致诘也。寻沙门之修释教，何异孔氏之述唐虞乎？孔修《五经》，垂范百王，然春秋诸侯，莫肯遵用，战伐蔑之，将坠于地。爰至秦皇，复加燔烬。岂仲尼之不肖，而《诗》《书》之浅鄙哉？迄及汉武，始显儒教，举明经之相，崇孔圣之术。宁可以见轻七国，而遂废后代乎？案汉元之世，刘向序仙云：七十四人出在佛经。故知经流中夏，其来已久。逮明帝感梦，而傅毅称佛，于是秦景东使，而摄腾西至。乃图像于关阳之观，藏经于兰台之室。不讲深文，故莫识奥义，是以楚王修仁洁之祠，孝桓建华盖之祭。法相未融，唯神之而已。至魏武英鉴，书述妙化；孙权雄略，崇造塔寺。晋武之初，机缘渐深，耆域⑩耀神通之迹，竺护集法宝之藏。所以百辟⑪搢绅⑫，洗心以进德；万邦黎宪，刻意而迁善。暨晋明睿悟，秉一栖神，手画宝像，表观乐览。既而安上弘经于山东，什公宣法于关右，精义既敷，实相弥照。英才硕智，并验理而伏膺矣。故知法云始于触石，慧水流于滥觞，教必有渐，神化之常，感应因时，非缘如何？故儒术非愚于秦而智于汉，用与不用耳；佛法非浅于汉而深于晋，明与不明耳。故知《五经》恒善而崇替随运，佛化常炽而通塞在缘。一以此思，可无深惑。而执疑莫悟，可为痛悼者六也。

夫信顺福基，迷谤祸门。而况蒙蒙之徒，多不量力，以己所不知，而诬先觉之遍知；以其所不见，而罔至人之明见。鉴达三世，反号邪僻，专拘目前，自谓明智。于是迷疑塞胸，谤讟盈口，轻议以市重苦，显诽以贾幽罚，言无锱铢之功，虑无毫厘之益。逝川若飞，藏山如电，一息不还，奄然后世，报随影至，悔其可追？夫神化茫茫，幽明代运，五道变化，于何不之？天宫显验，赵简、秦穆之锡是也；鬼道交报，杜伯、彭生之见是也。修德福应，殷代宋景之验是也；多杀祸及，白起、程普之证是也。现世幽征，备详典籍；来生冥应，布在尊经。但缘感理奥，因果义微，微奥难领，故略而不陈。前哲所辨，关键已正，聊率鄙怀，继之于末。虽文非珪璋⑬，而事足鬐鉴⑭。惟恺悌⑮君子，自求多福焉。

注释

① **宪章**：效法之意。

② **肩吾**：传说中之人名。《庄子》中多次出现其名，有人认为他是一位古代得道之士。

③ **赤县**：赤县神州之略称，指中国。

④ **四极**：四方极远之地。

⑤ **三后**：三后指三个帝王，此指大王、王季和文王。

⑥ **祗**：恭敬之意。

⑦ **畷**：两陌间的小道。

⑧ **开士**：指开正道以引导众生，即菩萨。

⑨ **北辰**：即北极星。

⑩ **耆域**：又作"祇婆""耆婆"等，佛陀时代印度之名医。

⑪ **百辟**："辟"即君，"百辟"指诸侯。

⑫ **搢绅**：也作"缙绅""荐绅"。原指古代高级官员之装束，后多指儒生、士大夫。

⑬ **珪璋**："珪"与"璋"原均指美玉，此处指上等好文章。

⑭ **鞶鉴**："鞶"指束衣之革带，"鉴"指铜镜。"鞶鉴"即借鉴的意思。

⑮ **恺悌**：亦作"恺弟""凯弟"。指宽和而平易近人的意思。

译文

所编纂之《弘明集》，旨在使佛法不受诋毁。各种通人之雅论，诸方胜士之妙说，摧邪破惑之巨唱，弘道护法之力作，都加以收集。然而，智慧之人不会被迷惑，而愚昧之人缺乏智慧。如果纯粹宣扬艰深之理论，则愚昧之人始终难以领会，所以吸取世俗典籍中的许多资料，以事征信。所说的多不是虚无缥缈的东西，而是晓以平实易懂之理，以便使迷途之人，不远而返。总释众疑，故称之为"弘明"。

佛典中说："以二谛之差别，分出了道俗二界。"佛法空寂，包三界而等观，俗教封滞，执着于一定的对象而把心限制在固定的范围内。把心限制于固定的范围内，则对视听之外的东西都取怀疑的态度。对三界平等而观，则神化之理湛然常照。执疑迷照，群生所以永远沉沦于生死轮回之中。考诸世俗的教化，效法五经，所尊崇的无非是"天"，所崇尚的无非是"圣"。但是，天之形高深莫测，圣之心也无从窥见，虽然敬而信之，仍是朦朦胧胧，不甚明了。而佛教中之佛比"天"更尊贵，佛法比圣也更微妙。佛教之化，超出世俗，越过形相，高深无比。像肩吾那样的得道之士尚且对河汉大为感叹，凡夫俗子怎能不对佛教之大觉海感到十分惊奇！因此，世俗中有些人对于佛经所说颇持怀疑态度，怀疑它大而不可征信；其次是怀疑佛教所说的人死而神不灭，认为三世之说是靠不住的；再者是从来无人亲见佛陀，认为佛教无益国治；其四怀疑古代并没有佛教，佛教是到了汉代才出现的；第五怀疑佛教产生于印度，其教化不一定适合于华夏；第六认为汉魏时期佛教衰颓，到了晋代才逐渐流行开来。以此六疑，对佛教缺乏信心，为使群疑冰释，使人们对佛教树立信心，故对历史上各种教化进行了详细的比较和论述。

如果说佛典上所说的荒诞不经，大而不可征信，盖因世界无边，时间无限。今之世人都知道百世之外，必至万岁,而不相信无数个万年,则可至于旷劫,这是以有限之心量去揣度无穷之造化。大家都知道赤县之外,必有四方极远之地,而不信极远之外,还另有世界,这是执着于偏见而不信有无垠之太虚。过去商汤曾问革曰:"上下八方有极限吗?"革答道:"无极之外,还有无极;无尽之中,复有无尽,所以我知道世界是无穷无尽的。"上古之大贤者,据理以答圣,这与佛经所说的遥相符契。有些人为什么对这还持怀疑态度呢?如果只是局限于自己的身心耳目,对大千世界的看法必然会发生错误,仅靠肉眼,就连墙外的东西也看不见。如果因此而诋侮尊经,违背圣说,不信旷劫久远、世界无边,这种人实在是可怜之至。

如果怀疑人死而神灭,认为没有三世,这是自侮其性灵,而蔑弃其祖宗。周公、孔子制典,都明言有鬼神,《易经》上也说:"游魂为变,所以知道鬼神之情状。"既有情状,难道无形吗?《诗经》上也说:"三后在天,王配于京。"大王、王季和文王的灵魂皆上升于天界,难道可以说其灵魂散灭了吗?《礼》云:"夏尊命,是(事)鬼敬神。"大禹所恭敬祭祀的,难道也是荒诞不经不成?《书经》上也说周公代武王请寿,称能事鬼神。周公旦为亲人请祷于神,难道也是荒诞之举?一些俗士愚夫,声称尊从儒家礼教,实际上背叛《五经》，这不但是在诬佛，也是在侮圣。如果相信《五经》中所说的鬼为真，而怀疑佛经中所说的有不灭之神，这乃是聋子盲人，不可与议也。诚可哀也。

如果怀疑从来无人亲见佛陀，认为佛教无益国治，按照这种逻辑，那么，对于祖先之祭祀等，也应一并废除。为什么这么说？苍苍太空，谁见上帝之貌？茫茫大地，怎识后祇之形？老百姓自己耕作，社神有什么用处？人们自造庸畷，蜡鬼何功之有？但是，人们却盛其牺牲，繁其祭祀，这难道不是幽灵宜尊，教民美报吗？何况佛教智慧周遍太虚，神识凝于域表。上帝成天，成其陶铸之慈；圣王为人，依其亭育之戒。尊崇佛法则六天全喜，废道则万神俱怒。世人不见天形，而认为祭祀天帝可得福报，无睹佛陀，而称敬佛无报，轻本重末，一何可哀！

如果怀疑古代无有佛教，至汉代才出现，这一点也是不足依据的。神化之隐显，又有谁能预测其始终呢？远古时代之伏羲、神农，其事迹悠远而罕有记载，即使有法教，又怎么能听闻呢？晋代之佛图澄，知临淄伏石下有旧像露盘；犍陀勒见槃鸱山中，有古寺遗迹；众人发掘，皆如其言。这些都是万代之遗征，晋世之显验，谁说上古必定无佛？《列子》称周穆王时，西边极远的地方有化人来。此化人能入水火，贯金石，反山川，移城邑，乘虚不堕，触实无碍，千变万化，不可穷极；既能变人之形，且能易人之虑，穆王敬之如神，事之若君，观其灵迹，乃菩萨大士。可见，佛法早在周初已有征兆，感应之端，非始自汉世，而世俗有些人却执着于一孔之见，不能不使人颇多感慨。

如果怀疑佛教乃产生于印度，非华夏之教化，则是以地域定教，而非设教以化俗。过去三皇主无为，五帝倡德化，三王讲礼形，七国重权势，就地域说，都属华夏，而世教屡变。今反以至道之源，镜以大智之训，感而遂通，何往而不被？过去大禹出自西羌，而舜生于东夷，又有谁因他们生地之贱而弃其圣呢？孔丘曾经居于夷，而老子晚年则出关去了西戎，道之所在，岂能以地域为标准？《礼·王制》曰："四海之内，方三千里。"华夏之中原，地域也不是很广。伊洛地区本来曾经属于华夏，但后来却变为戎墟；吴楚本来属夷，而后来却变为华夏。道可以四处流行、传布，而一个地区的教化却不是一成不变的。实际上，厚戴无疆，而寰域异统，北极星位于西北面，故知天竺（即印度）才是天下之正中。今以中土称华夏，借远离佛法之诞生地为由以拒佛法，但大法常通，能阻拦得了吗？

如果以汉魏佛法衰微，至晋代才开始兴盛而怀疑佛教，那更是无稽之谈。道运也是常常有盛衰兴替的，这一点本无可置疑。沙门之修佛教，有如孔氏之述唐虞。孔子修《五经》而垂范百世，但春秋诸侯，不肯遵用，以战乱蔑视之，其道几乎被湮没。到了秦始皇时，更焚而烧之，这难道是孔子之不肖或其道之浅鄙吗？至汉武帝是时，才开始弘扬儒教，明《五经》，崇儒术。难道可以因战国时儒学之消沉遂废弃孔子之学吗？何况在汉代刘向序仙时，曾提到其中有七十四人出自佛经，可见佛经之流传华夏，由来已久。至汉明帝感梦，而傅毅称明帝所梦乃是佛，遂有秦景西行求佛之举，之后更有迦叶摩腾来至东土。进而有关阳佛像之画，兰台佛经之藏。但佛法东传之初，因人们不识佛法之深奥义理，所以才有楚王刘英修仁洁之祠，孝桓帝建华盖之祭。佛法尚未被完全理解，故只能把它当作神明来对待。魏武英鉴，才书述佛经；孙权雄略，始建造佛寺。晋武初年，机缘渐深，佛法也就逐渐流传开来，也有不少僧人开始编集佛教经藏。许多王侯士大夫，洗心以进德；万邦百姓，弃恶而迁善。到了晋明帝时，明帝本身崇尚佛教，使佛教有了进一步的发展。更后而有道安法师弘经于山东，罗什宣法于关中，佛法之奥旨深义才开始得到阐发。许多贤者智士，竞相服膺。由此可见，佛法的传布有一个过程，此中之关键，是机缘的是否成熟。所以不能说秦时的儒家学说不高明而汉代的儒家学说高明，差别仅在于用与不用而已；也不是汉代的佛法肤浅而晋时的佛法深邃，主要是是否被人们所认识。所以说《五经》常善而崇替随运，佛法常炽而通塞在缘。如果能够这样去看问题，则许多疑团都可以迎刃而解。如果继续执迷不悟，无疑是十分可悲的。

信顺者福之基，迷谤者祸之门。那些愚昧之徒，多不量力，以自己之所不知，反诬先觉之遍知；以己之所未见，而诬至人之明见。佛陀鉴达三世，反被指斥为邪僻，而只着眼于目前，却自谓明智。于是迷惑塞胸，诽谤盈口，信口胡说以招苦报，肆意诽谤定遭惩罚，言无点滴之功，虑无毫厘之益。时光流转有如东去之流水，一转眼就是后世，而业之报应，如影随形，若不醒悟，到时悔之莫及矣。神化茫茫，幽明交替，五道变化，世之常则。天宫显验，赵简、秦穆之锡即是明证；鬼道报应，杜伯、彭生所见可为佐证。修德得福，殷之宋景即是其例；多杀祸至，白起、程普可作证明。现世的事，儒家的典籍中有很详尽的记载；来生冥应，许多经典也已有述及。只是因为缘化感应的道理十分玄奥，因果报应的义理极是幽微，故略而未谈。在前哲先贤的著述中，对于很多带关键性的问题已都有所阐发,我这里不过是狗尾续貂,聊叙鄙怀。虽然文非珪璋,而所言之事可资借鉴。只有那些宽和平易之君子,可以自求多福。

源流

《弘明集》作为一部护法御侮、弘教明道的论文集，其形成经历了两个阶段，一是见录于《出三藏记集》的十卷本，二是在《出三藏记集》问世后，作者增订之十四卷本。较诸前者，后者增补了晋桓谭译的《新论·形神》、宋谢镇之的《与顾道士书》、朱昭之的《难顾道士夷夏论》、朱广之的《谘夷夏论》、梁僧顺的《释三破论》、梁武帝的《敕答臣下神灭论》、梁法云的《与王公朝贵书》、晋习凿齿的《与释道安书》、齐道盛的《启齐武帝论捡试僧论》、宋颜延之的《庭诰二章》、竺道爽的《檄太山文》、智静的《檄魔文》、宝林的《破魔露布文》及未详作者的《正诬论》诸篇。

　　就版本源流说，《弘明集》除本书"题解"中语及的曾为海内外各种藏经所收藏外，历史上还有两种单行本，一是明万历年间之吴惟明将此书与《广弘明集》合刊单独印行，二是金陵刻经处本，近人又将吴惟明的合刊本收入《四部丛刊》和《四部备要》，使《弘明集》得以广泛流传。

吴惟明所以把《弘明集》与《广弘明集》合刊印行，盖因《广弘明集》乃《弘明集》之续编。尽管《广弘明集》在体例方面较诸《弘明集》有诸多改易，但同为记述中国佛教在历代之兴废、佛道儒三教间之论争及阐发、讨论佛教之义理的论文集，其旨均在护法弘教，故将二者合刊印行，颇得体妥当。当然，历史上属于护法弘教类文集，不限于此二篇，如同为唐道宣撰之《集古今佛道论衡》、唐彦悰撰《集沙门不应拜俗等事》、唐智升撰《续集古今佛道论衡》、唐法琳撰《破邪论》《辩正论》、北宋张商英撰《护法论》、元刘谧撰《三教平心论》、元子成撰《折疑论》等，均属此类。

《集古今佛道论衡》，又作《集合古今佛道论衡实录》《古今佛道论》《佛道论衡》等，凡四卷，唐道宣撰，载于《大正藏》第五十二卷。此外，《宋藏》、《金藏》、《元藏》、《明藏》及《频伽藏》、《丽藏》等均有刊载。此书收录了自东汉至唐初佛、道二教之论争及背景乃至历代帝王在二教论争中之态度、倾向、观点和政令等，是研究此一时期佛、道二教相互关系及王道政治与佛、道二教相互关系的重要历史资料。

《续集古今佛道论衡》，又作《续佛道论衡》，全一卷，唐智升撰，是道宣《集古今佛道论衡》之续篇，载于《大正藏》第五十二卷及宋、元诸藏。此书前部分引述《汉法本内传》中有关明帝求法等资料，后部分收录汉魏时期佛道二教对立、论争的有关资料。书中所引述、记载的有些史料可视为对《集古今佛道论衡》的补充，对于研究此一时期的佛道二教的相互关系具有一定的参考价值。

《集沙门不应拜俗等事》，又作《沙门不敬俗录》《集沙门不拜俗议》《沙门不应拜俗事》《不拜俗议等事》等，凡六卷，唐彦悰撰，载于《大正藏》第五十二卷。此外，《宋藏》《金藏》《元藏》《明藏》《频伽藏》及《丽藏》等均有刊载。此书收自东晋成帝咸康六年（公元三四〇年）至唐高宗龙朔二年（公元六六二年）间有关沙门是否应当跪拜君亲之奏、敕、诏、表、状、事、书、难、答等，是研究佛教与世俗礼教、王道政治相互关系的重要文献。

《破邪论》《辩正论》，二书均为唐法琳撰。前者凡二卷，是法琳针对傅奕上书高祖，主张排佛所作的一篇护法专论。书中一方面驳斥傅奕对佛教之攻击和诋毁。另一方面对道教进行反击，指出道教才是祸国殃民之邪说。《辩正论》凡八卷。此论既是对《破邪论》的补充，同时对清虚观道士李仲卿的《十异九迷论》和刘进喜的《显正论》的辩驳和反击。刘、李二论对佛教进行了全面的抨击，傅奕之反佛在相当程度上受刘、李二论之影响。法琳在此论中引用了大量的内书外典，对于儒、释、道三教之间相互关系，三教与王道政治之间的相互关系，佛道之孰先孰后、孰正孰邪等问题进行了全面、系统的阐述，是一篇资料极其丰富、论辩颇为系统的护法文集，也是研究中国佛教史乃至中国古代思想的重要的思想资料。《破邪论》和《辩正论》二书均载于《大正藏》第五十二卷。

《护法论》，全一卷，北宋丞相张商英撰，载于《大正藏》第五十二卷，明、清藏亦有刊载。此论主要站在佛教的立场，驳斥宋代一些儒者对佛教的批评。认为佛教"有补治化之不足"，有益于王道政治，且"引证翔实，铺陈详备"，"故能释天下之疑，息天下之谤"，是一篇护法弘道之重要论文。

《三教平心论》，凡二卷，元静斋学士刘谧撰，载于《大正藏》第五十二卷，明《北藏》《频伽藏》等亦有刊载。此论站在佛教的立场，较客观地评述了佛、道、儒三教的有关思想及其历史地位和作用，认为三教都在劝人行善止恶，各有其功，不可偏废。文中驳斥了历史上一些思想家对佛教的批评和攻击，是一篇在三教合一已成时代思潮的大背景下倡三教一致、而其旨趣又是在维护佛教学说的论文，对于研究宋、元时期的社会思潮、特别是三教合一思潮具有重要的价值。

当然，历史上护法弘教的论文、文集远不止以上列举诸篇，例如唐复礼之《十门辩惑论》（二卷）、唐玄嶷之《甄正论》（三卷）、唐神清之《北山录》（十卷）、元祥迈之《辩伪录》、元子成的《折疑论》等，亦属此类。此类文章、文集，其维护佛教、弘扬佛法的价值自不待言，但其意义不限于此，其中所提供的许多史实、资料等，对于中国佛教史乃至中国古代思想史的研究，都具有十分重要的意义。

解说

作为一部护法弘道论文集,《弘明集》的宗教意义是不言自明的,特别是在佛教东传之初,由于中土人士对于佛教所知甚少或知之不深,加上佛教的许多仪轨制度与中国的礼教颇多差异,其思维模式亦与中国传统的思维方式迥然有异,终于导致教外人士,特别是儒、道二家对佛教进行诸多非难和攻击,值此佛教生死存亡之际,《弘明集》中许多论文在从正面阐发佛教的义理同时,又对社会各界,特别儒、道二家的许多疑难、攻击进行辨析,使人们对于佛教有一个较全面的了解,这对于佛教的传布和发展无疑具有十分重要的意义。

　　当然,《弘明集》的价值不仅限于宗教方面,由于其中的许多论文内典外书兼收,方内方外并论,且引证诚实,铺陈详备,保存了许多正史、俗书之外的文献资料，乃至历代遗编、散佚名著亦多有所搜集，具有很高的文献史料价值，此诚如《四库全书总目提要》所评论的，"六代遗编，流传最古，梁以前名流著作，今无专集行世者，颇赖以存。"（《四库全书总目提要》卷一四五）

此外，《弘明集》在中国古代思想史上占有十分重要的地位。《弘明集》中的许多思想，诸如形神关系、夷夏之辨、报应理论、佛教与王道政治的相互关系及三教一致的思想等，都是中国古代思想发展史上的重要一环，特别是其中所体现出来的儒、释、道三教相互关系及三教一致的思想，对于研究中国古思想发展史更具有十分重要的意义。

中国古代学术思想的发展，汉魏时期可以说是一个重要的转折点。秦汉以前，思想学术界可谓诸子蜂起，百家争鸣，论其大者，有儒、墨、道、法、名、阴阳六大流派，细说更有农、杂、纵横、及小说等"九流十家"。然至汉之后，这些学术流派除儒、道、阴阳家外，相继衰沉，其中阴阳家至汉末亦逐渐销声匿迹，而道家则为玄学和道教所吸取，被揉进魏晋玄学和道教的学说之中。唯有儒家自被汉武帝定为一尊后，影响中国古代学术思想乃至社会文化达二千年之久。佛教本来是印度宗教，而自两汉之际传入中土后，先依傍黄老、神仙之道，后与玄学相激扬，逐渐发展为一股能与儒、道相抗衡重要的社会思潮。魏晋南北朝之后，借助于社会统治阶级的大力支持，佛教更发展成为与儒、道鼎足而三的社会力量和重要的学术思潮。因此，中国古代学术思想的发展历史，特别是魏晋南北朝之后的学术思想发展史，相当程度上就是儒、释、道三教思想发展史及儒、释、道三教关系史，而体现儒、释、道三教相互关系的最早文献，就保存在《弘明集》中。换句话说，对中国古代学术文化发展产生重大影响并最终孕育出宋明新儒学的三教合一的思想源头，就在《弘明集》中。

发端于《弘明集》的三教一致思想和三教合一的趋势，经隋唐二代之推演，至赵宋而臻于成熟。作为结果，则产生了冶三教于一炉的宋明心性义理之学。当然，隋唐时期的三教一致论及三教合一思潮，与《弘明集》中三教一致论是有所区别的。如果说，《弘明集》的谈三教一致，多从三教具有"劝善""觉人"的共同点着眼；那么，隋唐二代的三教一致论和三教合一论，则深入到各教的思想内部。如佛教吸取、融汇儒家的心性、人性学说，把佛性人性化、心性化，儒家则吸取佛教的思维模式，把人性、心性本体化。此时的道教也逐渐走上把"道"本体化和注重心性的道路，讲究明心见性和把"与道合一"作为修行的最高境界。这样，儒、释、道三教已不是在形式上，而是在思想内容上相互靠拢，之间的差距在逐渐缩少，为宋明时期的新儒家融汇佛、道二教，建立三教合一的新儒学奠定了基础，创造了条件。由此可见，《弘明集》绝不仅仅是一部弘教护法文集，更是中国古代思想发展史上的重要一环。

值得一提的是，《弘明集》中的许多文章言辞优美，文采飞扬，典故迭出，知识丰赡，不但使人读来朗朗上口，且对于了解佛教义理乃至中国古代的文史知识都能获益非浅。作为中国古代的一部重要文献，《弘明集》确实值得今人一读。

附录

《弘明集》中有不少文章是针对慧琳的《白黑论》而作的，或与《白黑论》有关，故特把《白黑论》释译于下，以供参考。

白黑论

刘宋·慧琳

原典

有白学先生①，以为中国圣人，经纶②百世，其德弘矣，智周万变，天人之理尽矣，道无隐旨，教罔遗筌，聪睿迪哲，何负于殊论哉！有黑学道士③陋之，谓不照幽冥之途，弗及来生之化，虽尚虚心，未能虚事，不逮西域之深也。于是白学访其所以不逮云尔。

白曰："释氏所论之空，与老氏所言之空，无同异乎？"黑曰："异。释氏即物为空，空物为一。老氏有无两行,空有为异。安得同乎!"

白曰:"释氏空物,物信空邪?"黑曰:"然。空又空,不翅于空矣。"

白曰:"三仪④灵长于宇宙,万品盈生于天地,孰是空哉?"黑曰:"空其自性之有,不害因假之体也。今构群材以成大厦,罔专寝之实;积一豪以致合抱,无檀木之体。有生莫俄顷之留,泰山蔑累息之固,兴灭无常,因缘无主,所空在于性理,所难据于事用,吾以为误矣。"

白曰:"所言实相,空者其如是乎?"黑曰:"然。"

白曰:"浮变之理,交于目前,视听者之所同了邪?解之以登道场,重之以轻异学,诚未见其渊深。"黑曰:"斯理若近,求之实远。夫情之所重者虚,事之可重者实。今虚其真实,离其浮伪,爱欲之惑,不得不去,爱去而道场不登者,吾不知所以相晓也。"

白曰:"今析豪空树,无伤('伤'字据《弘明集·宗炳与何承天书》补)垂荫之茂,离材虚室,不损轮奂之美。明无常增其惕荫(《弘明集》作'渴癃')之情,陈若遍(《弘明集》作'苦伪')笃其竞辰之虑。贝锦以繁采发辉,和羹以盐梅致旨。齐侯追爽鸠之乐,燕王无延年之术,恐和合之辩,危脆之教,正足恋其嗜好之欲,无以倾其爱竞之惑也。"黑曰:"斯固理绝于诸华，坟素莫之及也。"

白曰："山高累卑之辞，川树积小之咏，舟壑火传之谈，坚白唐肆之论，盖盈于中国矣，非理之奥，故不举以为教本耳。子固以遗情遗累，虚心为道，而据事剖析者，更由指掌之间乎。"黑曰："周、孔为教，正及一世，不见来生无穷之缘。积善不过子孙之庆，累恶不过余殃之罚，报效止于荣禄，诛责极于穷贱。视听之外，冥然不知，良可悲矣！释迦关无穷之业，拔重关之险，陶方寸之虑，宇宙不足盈其明，设一慈之救，群生不足胜其化。叙地狱则民惧其罪，敷天堂则物欢其福，指泥洹以长归，乘法身以遐览，神变无不周，灵泽靡不覃。先觉翻翔于上世，后悟腾蘙而不绍，坎井之局，何以识大方之家乎？"

白曰："固能大其言矣，今效神光无径寸之明，验灵变罔纤介之异，勤诚者不睹善救之貌，笃学者弗克陵虚之实。徒称无量之寿，孰见期颐⑤之叟？咨嗟金刚之固，安觌不朽之质？苟于事不符，宜寻立言之指，遗其所寄之说也。且要天堂以就善，曷若服义而蹈道，惧地狱以敕身，孰与从理以端心。礼拜以求免罪，不由祗肃之意，施一以徼百倍，弗乘无吝之情。美泥洹之乐，生耽逸之虑，赞法身之妙，肇好奇之心，近欲未弭，远利又兴。虽言菩萨无欲，群生固以有欲矣。甫救交敝之氓，永开利竞之俗，澄神反道，其可得乎？"黑曰："不然。若不示以来生之欲，何以权其当生之滞？物情不能顿至，故积渐以诱之。夺此俄顷，要彼无穷，若弗勤春稼，秋穑何期？端坐井底，而息意庶虑者，长沦于九泉之下矣。"

白曰："异哉！何所务之乖也。道在无欲，而以有欲要之，北行求郢，西征索越，方长迷于幽都，永谬滞于昧谷。辽辽闽、楚，其可见乎？所谓积渐者，日损之谓也，当先遗其所轻，然后忘其所重，使利欲日去，谆白自生耳，岂得以少要多，以粗易妙？俯仰之间，非利不动，利之所荡，其有极哉！乃丹青⑥眩媚彩之目，土木夸好壮之心，兴糜费之道，单九服之财，树无用之事，割群生之急，致营造之计，成私树之权，务劝化之业，结师党之势，苦节以要厉精之誉，护法以展陵竞之情。悲矣夫！道其安寄乎？是以周、孔敦俗，弗关视听之外，老、庄陶风，谨守性分而已。"黑曰："三游本于仁义，盗跖资于五善，圣迹之敝，岂有内外？且黄、老之家，符章之伪，水祝之诬，不可胜论。子安于彼，骇于此，玩于浊水，违于清滞耳。"

白曰："有迹不能不敝，有术不能无伪，此乃圣人所以桎梏也。今所惜在作法于贪，遂以成俗，不正其敝，反以为高耳？至若淫妄之徒，世自近鄙，源流蔑然，固不足论。"黑曰："释氏之教，专救夷俗，便无取诸华邪？"

白曰："曷为其然。为则开端，宜怀属绪，爱物去杀，尚施周人，息心遗荣华之愿，大士布兼济之念，仁义玄一者，何以尚之？惜乎幽旨不亮，末流为累耳。"

黑曰："子之论善殆同矣。便事尽于生乎？"

白曰："幽冥之理，固不极于人事矣。周、孔疑而不辨，释迦辨而不实，将宜废其显晦之迹，存其所要之旨。请尝言之：夫道之以仁义者，服理以从化；帅之以劝戒者，循利而迁善。故甘辞兴于有欲，而灭于悟理；淡说行于天解，而息于贪伪。是以示来生者，蔽亏于道、释不得已。杜幽暗者，冥符于姬、孔闭其兑。由斯论之，言之者未必远，知之者未必得，不知者未必失，但知六度与五教并行，信顺与慈悲齐立耳。殊途而同归者，不得守其发轮之慧也。"

注释

① **白学先生**：白学指儒学，白学先生即指崇尚周、孔儒学之人。

② **经纶**：经之原意为整理丝缕，理出思绪；纶之原意为编丝成绳，此处指治理国家。

③ **黑学道士**：黑学指佛学，黑学道士指尊崇、信

仰佛教之人。

④ **三仪**：即天、地、人。

⑤ **期颐**：指百岁之人。

⑥ **丹青**：原指丹沙和青䥴两种矿石，后泛指绘画用的颜色，另外，丹青在古代也泛指史籍。中国古代有丹册纪勋，青史纪事一说。

有些崇尚周孔儒学的人，认为中国古代圣人，一直致力于经邦治国，其功其德确实非常之大，其学问也甚博大精深，究尽天人之际，其学说明白易懂，教化十分完备，思想也很深刻，比任何其他的学说都优胜。但有些尊崇、信仰佛教人士，则对这种说法很不以为然，认为儒家学说不明了六合之外的事理，未语及众生来世之事，不像佛教学说那样玄妙、深刻。于是那些崇尚儒家学说的人就指出某些他们认为佛教不及儒学的地方，并对信仰佛教人士提出诘难。

白学先生问道："佛教所说的'空'，与老子所说的'空'，有什么两样呢？"黑学先生回答说："佛教与老子所说的'空'当然是不同的，佛教所说的'空'，是即物之'空'，也就是说是从事物本身是缘起无自性的角度去说'空'；老子则不然，老子讲'无生有'，因此'有'与'无'相互独立，而老子所讲的'空'，也是物外之'空',二者不可混为一谈。"

白学先生又问道:"佛教讲一切皆空,难道世间的事物真的像佛教所说的那样是'空'的吗?"黑学先生答道:"是的,一切皆空,连'空'本身也是'空'。"

白学先生道:"芸芸众生生活于天地之间,森罗万象的事物存在于宇宙之中,怎么能说万物皆空呢?"黑学先生曰:"佛教所说之'空',是指万物因缘而起无有自性,这并不妨碍万物的假相是存在着的,此有如大厦是由许多材料建成的,大厦并没有自身的实体;把许多檀木捆在一起,檀木也没有自身之体。事物都是变化无常、念念不住的,都没有独立的自性、实体,你刚才之诘难,是就事相而言,未触及到事物之自性,这样去看问题,我以为是不正确的。"

白学先生又问道:"你所说'空',是否就如'实相'那样,是无形无相而又无所不在的?"黑学先生回答道:"是的。"

白学先生问道:"这种虚玄的道理,人们听了都能接受吗?也许可以在法席上把它讲得玄乎其玄、吹得天花乱坠,但我始终未见有多高深的义理。"黑学先生答道:"佛教所讲的道理既近又远,既玄妙又不离开实际。其实,情之所注重的,是比较虚玄的东西,而从事的角度去看问题,则比较注重实际的东西。佛教所以采用虚其真实、离其浮伪的做法，盖因爱欲等惑障，不能不弃除，而想弃爱欲，除了登道场外我不知还有什么更好的办法。"

白学先生又说："佛教从理论上把活生生的树木'空'掉了，但实际上丝毫不能改变树木垂荫之作用，把大厦'空'掉了，也一点不能改变楼堂殿宇之美仑美奂。各种锦绣五光十色、光艳照人，各种食品甜酸苦辣、美味可口，怎能说是'空'呢？齐侯欲求不死之药终成梦想，燕王最终也无延年益寿之术，世间的各种法术、宗教义理，也许可以满足人们的某种嗜好、欲望，但最终都不能达到目的。"黑学先生答道："这正说明华夏从来不曾有过这方面的宗教义理，而儒家经典更是不曾语及。"

白学先生又说："佛教中所说的世事无常、沧海桑田之变等许多道理，其实在中国古代的典籍中都早已有语及，不过大家从来不把它当成教化之根本罢了。佛教中所谓以遗情遗累为教，以虚心为道等，实际都可以从平常日用出发，这样也许更加浅显易懂一些。"黑学先生答道："周、孔之设教，正是以一世为极限，而不懂得来生来世之事。儒家说善恶，也不外是子孙之庆，余殃之罚，善报也只限于荣禄，恶报也只在于穷贱。至于视听之外的东西，则一无所知，这实在太可悲啦！而佛教则不同,所说的远阔无穷之业报,近治众生之人心,宇宙虽广,佛理也多所涉猎,众生虽多,佛教均慈悲加被。谈地狱之恶报,则有些人因惧怕受到那种惩罚而不敢再为非作歹,说天堂之福报,更有许多人因希望得到那样的福报而大力行善。至于佛教的诸多神通变化等,更能普益于群生。释迦牟尼倡佛法于上世,众多大德高僧弘法于后代,使得佛法长传,慧灯不熄。以世俗的眼光以看佛教,无异坐井观天,怎能理解佛教所说的许多大道理呢?"

白学先生接着说:"你这一番话真可谓大言不惭,但验诸事实,佛教中所说之'神光''灵变'等,又有哪些实际的东西可供验证呢?例如,佛教屡称'无量寿',但谁见过百岁之人呢?佛教常说坚若金刚,但又有什么人见到过不朽之物呢?既然无法以事实验证,只说大话、发空论又有什么用呢?再者:佛教常说倡天堂福报可以使人弃恶从善,实际上,与其用天堂之福报以劝人为善,不如像儒家那样教导人们服膺仁义而遵循社会道德规范,与其用地狱之恶报来警诫人们弃恶从善,不如教导人们遵从纲常伦理以纯正其人心。企图以简单的拜佛以求得佛菩萨的福佑,达到无本万利、事半功倍的目的,实际上是不可取的。把涅槃说得胜似天堂,使众生萌生耽逸之念头,把法身吹得神乎其神,激发众人好奇之心，近欲尚未减除，更增强了追求远利之意念。虽然佛经上屡言菩萨已断尽世俗的一切欲望，但众生都是有欲望的。近欲未除，又生追求远利之心，如此如何能够澄神而反道呢？"黑学先生答道："你这些说法都是站不住脚的。如果不示以来生之大利益，如何能够使众生放弃眼前的蝇头小利呢？人之欲望，不可能一下子全部弃除净尽，必须有一个渐进的过程，因此只好以来世之大利益，以诱导他们放弃眼前的情欲，这有如耕稼，春天不耕耘、播种，哪来的秋天的收获呢？坐井观天，只看到眼前事情和利益，这种人只会长期沉沦于苦海之中。"

白学先生说："你这番话真可算是奇谈怪论，人们知道，修道之最紧要者，在于弃除欲望以至于无欲，你现在却要用欲望、利益来引诱之向道，这岂不是欲去郢都却朝北走，欲抵越国而往西去，南其辕而北其辙吗？如此才真的会误入迷途，永陷昧谷。至于你所说的渐进过程，实际上应该是日日减损之意，亦即首先弃除较轻的欲望、利益，然后慢慢舍弃那些更大的欲望和利益，进而逐渐淡泊、清净。怎么能像你所说的用大的欲望、利益去引诱他放弃眼前、较小的欲望和利益呢？如此岂不是以少要多，以粗易妙了吗？佛教之所为，很多事都是非利不动，见利必争。例如各种佛菩萨像都画得色彩斑斓以眩众人之目，各种佛殿庙宇都建得十分豪华壮观以满足好壮之心，佛教入华以来，耗费无度，常常树无用之事而割群生之急，建造了众多佛殿庙宇并把它变为私有财产，以弘法劝化为由，成结党营私之势，借苦行持戒以邀厉精之誉，以护法为名展陵竞之志，既如此，其道将安在？与此不同，周、孔设教，首要的是面对社会，以淳化民俗为要务，而对于视听之外的玄论，不怎么关心，就连老子、庄子的学说，也重在教人谨守性分而已。"黑学先生答道："中国古代的圣贤，因以仁义为本，但诸如盗跖那样的恶人，也是资于五善的，圣人教化之偏弊，内教、外教都是一样不可避免的。再者，就像刚才所语及的道家言，到后来也出现了许多符水、咒语等邪说妖术，你怎么对道家的邪说妖术就能处之泰然，而对于佛教的有些学说就如此大惊小怪呢？真是好浊水而厌清泉啊。"

白学先生又说："任何教化都有其局限性，而举凡道术则不能无伪，所以古代圣人之教化也不可能尽善尽美的。现在的问题是，如你刚才所说的，是以满足人们的某种利益、欲望为诱饵劝人入道，照这种做法，久而久之必使追求利、欲成为一种风气，这岂不是非但纠正不了某些偏弊，反而使人们觉得追求利、欲是一种高尚的行为吗？至于那些生性本来就不适合于周、孔教化的人，因社会、文化背景不同，则另当别论。"黑学先生答道："照你这么说，难道释氏之教，只是适用于夷狄之族，而完全不适合于华夏民族吗？"

白学先生说："也许不全是这样，佛教本来也是主张爱物去杀、博施济众的，这与儒家的仁义学说是有相通之处的，只是由于幽旨不明，遂使末流为累尔。"黑学先生道："你之论善与佛教所说的确有相同之处，只是只局限于一生罢了。"

白学先生说："那种幽微玄远的道理，与人事相去太远了，故周、孔疑而不辨，释迦辨而不实。其实，对于这种玄奥的说教，应该存其旨而废其迹。例如，应该教人以仁义，使之服理以从化；劝人以禁戒，使之循利而迁善。所以，虽然以动听的言辞、天堂之报应劝诱人们向道，但一旦悟得佛教的道理后，这些权便设施所借以劝诱的利、欲就应该弃除。可见佛教所谈之来生报应等事，实是一种不得已的权便说教。如果佛教放弃这类三世轮回、来生报应等玄冥说教，其思想与周、孔学说多有遥相符契之处。由此观之，言之者未必远，知之者未必得，不知者未必失，佛教所说的'六度'与儒家所讲的'五常'实际上可以并行不悖，儒家的仁义学说与佛教的慈悲思想也可以同时并存，二者乃迹异而实同、殊途而同归。"

参考书目

1.《广弘明集》 唐·道宣撰 《中国佛教史传丛刊》第四册 建康书局一九五八年版

2.《集古今佛道论衡》 唐·道宣撰 《中国佛教史传丛刊》第四册 建康书局一九五八年版

3.《续集古今佛道论衡》 唐·智升撰 《中国佛教史传丛刊》第四册 建康书局一九五八年版

4.《集沙门不应拜俗等事》 唐·彦悰撰 《中国佛教史传丛刊》第四册 建康书局一九五八年版

5.《破邪论》 唐·法琳撰 《中国佛教史传丛刊》第四册 建康书局一九五八年版

6.《辩正论》 唐·法琳撰 《中国佛教史传丛刊》第四册 建康书局一九五八年版

7.《护法论》 宋·张商英撰 《中国佛教史传丛刊》

第四册　建康书局一九五八年版

8.《三教平心论》　元·刘谧撰　《中国佛教史传丛刊》第四册　建康书局一九五八年版

9.《高僧传》　梁·慧皎撰　《中国佛教史传丛刊》第二册　建康书局一九五八年版

10.《续高僧传》　唐·道宣撰　《中国佛教史传丛刊》第二册　建康书局一九五八年版

11.《中国佛教思想资料选编》第一册　石峻等编　中华书局一九八一年版

12.《佛光大辞典》　慈怡主编　佛光出版社一九八八年版

13.《汉魏两晋南北朝佛教史》　汤用彤著　中华书局一九八三年版

14.《中国佛教史籍概论》　陈垣撰　中华书局一九六二年版

15.《中国佛教史》（一、二、三）　任继愈主编　中国社会科学出版社

16.《中国佛教》（一）　中国佛教协会编　知识出版社一九八六年版

17.《中国佛性论》　赖永海著　上海人民出版社一九八八年版

18.《佛典精解》　陈士强撰　上海古籍出版社

一九九二年版

19.《慧远及其佛学》 方立天著 中国人民大学出版社一九八七年版

出版后记

星云大师说：" 我童年出家的栖霞寺里面，有一座庄严的藏经楼，楼上收藏佛经，楼下是法堂，平常如同圣地一般，戒备森严，不准亲近一步。后来好不容易有机缘进到藏经楼，见到那些经书，大都是木刻本，既没有分段也没有标点，有如天书，当然我是看不懂的。"大师忧心《大藏经》卷帙浩繁，又藏于深山宝刹，平常百姓只能望藏兴叹；藏海无边，文辞古朴，亦让人望文却步。在大师倡导主持下，集合两岸近百位学者，经五年之努力，终于编修了这部多层次、多角度、全面反映佛教文化的白话精华大藏经——《中国佛教经典宝藏》，将佛教深睿的奥义妙法通俗地再现今世，为现代人提供学佛求法的方便途径。

完整地引进《中国佛教经典宝藏》是我们的夙愿，

三年来，我们组织了简体字版的编审委员会，编订了详细精当的《编辑手册》，吸收了近二十年来佛学研究的新成果，对整套丛书重新编审编校。需要说明的是此次出版将丛书名更改为《中国佛学经典宝藏》。

佛曰：一旦起心动念，也就有了因果。三年的不懈努力，终于功德圆满。一百三十二册，精校精勘，美轮美奂。翰墨书香，融入经藏智慧；典雅庄严，裹沁着玄妙法门。我们相信，大师与经藏的智慧一定能普应于世，济助众生。

东方出版社

图书在版编目（CIP）数据

弘明集／吴远 释译．—北京：东方出版社，2019.10
（中国佛学经典宝藏）
ISBN 978-7-5060-8657-8

Ⅰ．①弘… Ⅱ．①吴… Ⅲ．①佛教史－中国－古代②《弘明集》－注释③《弘明集》－译文 Ⅳ．① B949.2

中国版本图书馆 CIP 数据核字（2015）第 250784 号

本书中文简体字版权由上海大觉文化传播有限公司独家授权出版
中文简体字版专有权属东方出版社

弘明集
（HONGMING JI）

释 译 者：吴　远
责任编辑：王梦楠　杨　灿
出　　版：东方出版社
发　　行：人民东方出版传媒有限公司
地　　址：北京市朝阳区西坝河北里 51 号
邮　　编：100028
印　　刷：北京市大兴县新魏印刷厂
版　　次：2019 年 10 月第 1 版
印　　次：2019 年 10 月第 1 次印刷
开　　本：880 毫米 × 1230 毫米　1/32
印　　张：9
字　　数：144 千字
书　　号：ISBN 978-7-5060-8657-8
定　　价：50.00 元
发行电话：（010）85924663　85924644　85924641

版权所有，违者必究
如有印装质量问题，我社负责调换，请拨打电话：（010）85924602　85924603